W0234071

Durs Grünbein
An Seneca. Postskriptum

SENECA
Die Kürze des Lebens

Aus dem Lateinischen
von Gerhard Fink

Suhrkamp

Einbandabbildung:
Louise Bourgeois. Marble, glass and electrical light, 1990.

Inhalt

I

DURS GRÜNBEIN

An Seneca. Postskriptum

Verzeih mir, Toter. Deine Ruhe stört
Ein Nachfahr jener Rüpel, die euch manche Scherereien
Bereitet haben an den Grenzen eures Reiches.
Ich hab so viel von dir, doch du hast nie von mir gehört.
Zweitausend Jahre später mir dein Ohr zu leihen,
Wär etwas viel verlangt. Ich bin nicht deinesgleichen.
Und außerdem, was bist du jetzt? Ein paar Atome?
Ein Streifen Asche in Italiens Erde? Etwas *DNA*?
Da ist kein Haar, das im Labor verriete, welches Gift
Dich hingestreckt hat. Jeder weiß, Symptome
Sind wenig wert *post mortem*. Was geschah, geschah.
Wie spricht man einen an, den nichts mehr trifft?
Du bist da draußen irgendwo, ich weiß, längst aufgelöst
In Minerale, Spurenelemente. Von der Seele,
Die so beredtsam war, blieb nur ihr köstliches Latein.
Wie weggezaubert ist dein Leib. Doch Schrift entblößt,
Das wußtest du von Anfang an. Der Text war deine Stele.
Ein Monument aus Sätzen, das verkündete: Ich bin allein.
In deiner Sprache hießen Charaktere jene Lettern,
Aus denen Wort für Wort besteht. Was war Persönlichkeit,
Was sonst als ihre Summe, ein verbales Markenzeichen?
Moral, die Fähigkeit, am Rückgrat auf- und abzuklettern,
Hieß das nicht Seelenruhe, Philosoph, zu deiner Zeit?
Die Zeit der Stoa war nichts für die Windelweichen,
Die Schwammigen, für die Mollusken auf zwei Beinen.
Nur was man sah, selbst aufrecht, dort im Aufrechtgang,
Wars wert, gedacht zu werden.

Wie vermessen, dich zu grüßen
Aus einer Welt, so himmelweit entfernt von deiner.
Nach deinem O-Ton klingt das hier wie Minnesang.
Das wäre so, als wollte man am Tassenrand die süßen,
Schneeweißen Würfel eurem Marmor gleichstelln.
Natur, war sie nicht selber Stoa? Tiere reißen, Tiere grasen.
Der Pflanzen Gleichmut und die Ignoranz des Wetters
Sind wie der Fels, an dem der Schmetterling zerschellt
Mit Namen *Psyche*. Darum heißts, sie zu verglasen,
Die schwache Seele, bis ein Gott sie dann zerschmettert.
Ihr Stoiker habt mit dem Unabänderlichen gut gelebt:
Was sich in Formeln hüllt, holt auch kein Sterben ein.
Der Sprache blieb nicht viel zu beißen – nur das Leder
Der Sittenlehre, die beim Wiederkäun am Gaumen klebt.
Braucht, was ihr Tugend nanntet, nicht ein Herz aus Stein?
Nein, Apathie – wo Schmerz regiert – ist nichts für jeden.

Du hattest recht. Das kurze Leben ruft uns zu: bleib hart,
Eh die Affekte dich versklaven. Mach auf Sein und Zeit
Dir deinen eignen Reim im Stillen. Laß sie fahren,
Die Zukunft, niemals dein. Es gibt nur Gegenwart.
Verschieben heißt: man lebt mit sich entzweit.
Ergraut, wird man nur lange dagewesen sein, an Jahren
So reich wie ein gebrauchtes Ding, ein Teller, eine Klinke.
Die Hand, die viele Unbekannte drückten, ist verwelkt,
Bevor die Linien einen Sinn ergaben, das heißt: dich.
Das Epos Leben schrumpft zur Farce wie einem Trinker
Der Abend, wenn er weinberauscht in Plänen schwelgt.
Tod ist der Katzenjammer, der im Schädel sticht.
Halt dich am Tag fest – *Carpe diem*, raunt Horaz. Genieße
Mit klarem Kopf noch den geringsten Augenblick.
Denn kurz und bündig lautet das Orakel: »Nur ein Teil
Des Lebens ist es, da sie leben.« Zeit zerfließt.

Das sagt sich leicht. Das einfache, das unbedarfte Glück,
Was ist aus ihm geworden heute? Jeder hängt am Seil,
Aus dem Gesellschaft sich ein Treibnetz knüpft, den Staat.
Ach, die Malocher, von Teilzeitjobs ganz okkupierten,
Die Geiseln ihrer Konten, Autos, Hobbies, ihrer Freizeit –
Von denen liest dich keiner, Freund. Umsonst dein Rat,
Lucius Annaeus. Nein, es juckt sie nicht, was sie verlieren.
Ach, nicht ihr Geld verschenken sie, nur ihre Lebenszeit.
Odysseus gleich, verschaukelt zwischen toten Häfen,
Durcheiln sie Jahr um Jahr, und nirgends Ithaka.
In Depressionen stürzt sie eines Tags der Ruhestand.
Nicht mehr gefragt zu sein, ergraut die Schläfen,
Erwischt sie kalt. Schon ist die Rente da.
Am Ende sind sie müde, magenkrank und ausgebrannt.
Erinnerung wird zur privaten Hölle. All die Phasen
Des falschen, viel zu kurzen Lebens suchen sie nun heim.
Wer die Bilanz nicht aushält, wirft sich vor den Zug.
Den andern bringt ein Kreislaufkollaps untern Rasen.
Mancher trug schon als Kind im Blut den Keim
Langweile – all der Streß war nichts als Selbstbetrug.
Wer ist schon müßig? Selbst die Musendiener hält tagein,
Tagaus auf Trab der Zirkus ihrer Sinne. Jeder Griff
Des Geigers will trainiert sein, eh die Saite klingt.
Verlorne Müh, sagst du: der Ton sei von Natur aus rein.
Verzeihung, Einspruch Euer Ehren. Eher trifft
Das blinde Huhn sein Korn, als daß ein Vers gelingt.
Thyestes, Oedipus, Medea – sag uns nicht,
Man schreibt Tragödien, wie man Fliegen fängt.
Nimm deinen Briefstil: nichts verrät die linke Hand,
Die sich im Spiel entledigt der Gewissenspflicht.
Okay, Genie. Dem einen wird im Traum geschenkt,
Wofür ein andrer lange schuften muß. Kein Dilettant
Ist je so hoch hinausgekommen, Philosoph, wie du.

Kein Schritt auf der Karriereleiter ohne Schweiß,
Und keiner sammelt je im Schlaf dein Herrschaftswissen.
Du weißt, was deine Biographen streun. Roms *Who is who*
Hat dich als Millionär verbucht. Im engsten Kreis
Des Cäsars heimisch, war dein Platz das weiche Kissen.
Keine Sokratik kauft dir dein Porträt ab des Asketen.
Die Chronik weiß, du warst bei Hof die graue Eminenz,
Das Superhirn, das einen Nero das Zitieren lehrte.
Sag, was du willst – aus dem Historienbild zurückzutreten,
Ist es zu spät, seit alle Nachwelt deinen Zögling kennt.
Du warst der Lehrer. Nein, den Unbeschwerten
Hat erst die Zeit aus dir gemacht. Sie nimmt dich leicht.
Posthum erst ging die Einsicht auf, mit der dein Buch
Den Leser quält. Dein eignes Leben hat dich widerlegt.
Verzeih mir, Toter.

                           Ein Verdacht beschleicht
Selbst den, der bei dir nichts als Wahrheit sucht.
Was, wenn wir unbelehrbar sind, verstockt, und in uns regt
Mit jedem Ja ein Nein sich, treu dem Dämon Eigensinn?
Blind oder nicht, was, wenn der nobelste der Triebe
Der Drang nach Freiheit ist? Nur er riskiert
Die Existenz, dein Seelenheil. Nur er gibt alles hin.
Er fackelt nicht, er springt – dem Augenblick zuliebe.
Was ist der Mensch? Ein Tier, das sich im Trotz verliert.
Dein Lehrstück, Philosoph, führt mit dem einen Wort,
Das dir das liebste war, in ein Gestrüpp von Fragen.
Otiosus hieß die Zauberformel: sorgenfrei,
Der Muße hingegeben, still in sich gekehrt, weit fort
Vom öden Alltag, teilnahmslos, mit gutem Magen.
Nur der lebt wahrhaft, der beschaulich lebt. – Verzeih,
Aus deinem Buch spricht der Verbannte, der Poet.
Ein Mann, der aus Instinkt sich gegen Ämter wehrt,

Und dem die Kraft doch fehlte, alles hinzuschmeißen.
Dein Fall zeigt klar, wie schlimm es um uns steht.
Wir sind Zerrissene – ein Teil bleibt immer unbelehrt.
Heißt Denken das: den eignen blinden Fleck umkreisen?
Du, der im Drama alles überbot, was es an Schrecken
Bei Menschen gab und Göttern, sagst uns armen Sündern:
Wenn eins sich ruhig verhält, entgeht es dem Verderben?
Sind nicht die Stillen jene, die nur still verrecken?
Ist Schwimmen im Gesellschaftsteich nicht gar gesünder?
Was, wenn Affekte sich, nicht Knochen nur, vererben?
Erziehung bleibt ein frommer Wunsch. Den Tiger Eigensinn
Zu zähmen, lernt man nicht im Zirkus, auf der Straße.
Was soll die Menge tun, die kein Refugium hat?
Man strömt zum Markt, reckt auf dem Billigplatz das Kinn
In der Arena, kehrt von Parties heim mit roter Nase.
Ein Friedhof wär, bewohnt von lauter Stoikern, die Stadt.
Wer Zeit und Geld hat, läßt sich treiben vom Geschmack.
Was nützt ihm Politik – den Stil macht der Barbier.
Der wahre Luxus ist, sich in der Sänfte schaukeln lassen,
Hofiert von Sklaven, und da draußen drängt das Pack.
Man lebt nur einmal, was? Sogar das edle Tier
Muß sterben dort im Colosseum vor den Jubelmassen.
Sein eigner Herr, Freund *sapiens*, wie wird man das,
Zerzaust von tausend Interessen, jeder gegen jeden?
Das Menschenherz, hast du es je gesehn, den Klumpen,
Den blutig zuckenden? – Ein bodenloses Faß.
Es sind die Nerven selbst, die sich da subkutan befehden.
Ein schöner Traum, das Denken, wo die Adern pumpen.
Verzeih mir Toter, den mokanten Ton.

Dein Brief

War lange unterwegs, seit ihn Paulinus las.
Er hat Roms Untergang und was danach kam, überlebt.
Nicht eine Zeile, sagt die Forschung, sei darin naiv.
Dein Evangelium? »Laßt mich in Ruh!«. Der Aderlaß
Kam früh genug. An deinen Schriften seither klebt
Der Name Nero – wie ein Brandfleck, wie Asphalt.
Legenden, leider, sind weit zäher als Gedanken.
Die Ideale kommen wie sie gehn. Im Sterben krallt
Ans Leben sich das zarte Pfötchen der sensiblen Kranken
Fest wie die Mörderfaust. Ein Fleckchen Erde,
Und Zeit zum Dichten, Bruder, wolltest du, nicht mehr.
Aus dir sprach nie Beleidigtsein und nie Beschwerde.
Und doch fiel Leben, das verworrne, dir so schwer,
So leicht wie jedem, der nichts ahnt von seiner Kürze.
Die Biographen murmeln von Affairen was, Intrigen.
Kopfüber hast du, sehnden Auges, dich hineingestürzt
In diesen Krieg, der keine Sieger zuläßt, nur Besiegte.
Einsamer Denker du inmitten mächtiger Hyänen,
Erzieher, Redenschreiber, Dramenfürst, Latifundist,
Satiriker, der seine Pfeile schoß ins allgemeine Gähnen –
So viele Senecas in einem. Wer du wirklich bist,
Sagt keine Büste. Kein Curriculum erfaßt dich ganz.
Die Vielbeschäftigten hast du, der Vielgesichtige,
Verhöhnt als einer, der auf jeder Hochzeit tanzte.
Wer sich das leisten kann? Nur er, der wirklich Wichtige.
Man muß im Zentrum sein, um so wie du die Ode
Bescheidner Lebensführung wohlstandssatt zu singen.
Wir andern hier am Rand – nach Aristoteles Idioten,
Verzetteln, Ahnungslose, uns in Alltagsdingen.
Lang oder kurz, das Leben schenkt uns Augenblicke,
Und was da kommt und geht, kann keiner reklamieren.
Längst explodiert ist mir in abertausend Stücke,

Wonach ich suche, nachts im Schlaf, auf allen vieren.
Ich hab, du hattest recht, ich hab vergessen vorzusorgen.
Ich bin der Reisende, verwickelt ins Gespräch, vertieft
In deine Schrift *De brevitate vitae*. Einer, der nicht merkt,
Daß er längst angekommen ist – im Überübermorgen,
So sehr gefesselt hat, verzeih mir, mich dein Brief.
So sehr bezaubert, okkupiert, im Eigensinn bestärkt.
Ich bin der eine, Seneca, nach dem du schreibend suchtest.
Der späte Lauscher, der ihr zuhört, deiner Geisterstimme.
Es braucht mich nicht. Auch nach mir liest man noch dein
Buch.
Ich leb nur kurz, ein Weilchen nur. Doch du lebst immer.

II

LUCIUS ANNAEUS SENECA

Die Kürze des Lebens

1 Zum größeren Teil, mein Paulinus, beklagen sich die Menschen heftig über die Mißgunst der Natur, weil wir nur für ein kurzes Leben geboren werden und weil so rasch, so ungestüm die uns gewährte Zeitspanne entflieht, dergestalt, daß mit Ausnahme von ganz wenigen für alle anderen inmitten der Vorbereitung auf das Leben das Leben endet. Und über solches Unglück, das angeblich alle ereilt, jammert nicht nur die große Masse und der unverständige Pöbel: Auch berühmten Persönlichkeiten hat dieses Gefühl schon Klagen entlockt. Daher stammt jener Ausspruch des unvergleichlichen Arztes: »Das Leben ist kurz, weitläufig die Wissenschaft«, daher auch kam von Aristoteles, als er mit der Weltordnung ins Gericht ging, der für einen Weisen ganz unpassende Vorwurf, sie habe Tieren eine derart lange Lebenszeit zugebilligt, daß sie es bis auf fünf oder zehn Jahrhunderte brächten, dem Menschen aber, der doch zu so vielen großen Aufgaben geschaffen wurde, sei ein desto früheres Ende bestimmt.

Wir haben aber nicht wenig Zeit, wir haben viel vergeudet. Hinreichend lang ist das Leben und großzügig bemessen, um Gewaltiges zu vollbringen, würde man es im Ganzen nur richtig investieren. Doch wenn es uns in Genuß und Nichtstun verrinnt, wenn wir es keinem guten Zweck widmen, dann wird uns erst in unserer letzten Not bewußt, daß, was von uns unbemerkt verging, vorbei ist!

So ist's: Wir erhalten kein kurzes Leben, sondern haben es dazu gemacht, und es mangelt uns nicht an Zeit, sondern wir verschwenden sie. So wie gewaltige, königliche Schätze, sobald sie in die Hände eines schlechten Herrn kommen, im Augenblick verschleudert werden, während auch ein noch so bescheidenes Vermögen, falls man es einem guten Verwalter anvertraute, arbeitet und wächst, so steht auch dem, der sie gut einzuteilen weiß, viel Lebenszeit zu Gebote.

2 Was klagen wir über die Natur? Sie hat sich freigebig gezeigt: Das Leben ist, wenn man es zu nutzen versteht, lang. Doch unersättlich hat den einen die Habsucht im Griff, den anderen bei überflüssiger Anstrengung rastlose Geschäftigkeit, der eine ist voll von Wein, der andere döst stumpfsinnig vor sich hin, den treibt sein ewig nach dem Urteil anderer schielender Ehrgeiz bis zur Erschöpfung, jenen führt der verderbliche Drang, Handel zu treiben, durch alle Länder, alle Meere – immer in der Hoffnung auf Gewinn. Manchen läßt ihre Leidenschaft für den Krieg keine Ruhe, und stets sind sie entweder auf die Bedrohung anderer aus oder angesichts eigener in Sorge. Es gibt auch Leute, die undankbare Kriecherei bei Höhergestellten sich in selbstgewählter Sklaverei aufreiben läßt. Schon viele schlug die Begeisterung für fremde Schönheit oder die Sorge um die eigene in ihren Bann. Die meisten aber, die kein bestimmtes Ziel verfolgen, hat ihre flatterhafte und prinzipienlose und sich selbst verhaßte Oberflächlichkeit schon von einem Vorhaben zum anderen getrieben. Manche können sich nicht entscheiden, worauf sie Kurs halten sollen, und so ereilt sie im trägen Dahindämmern der Tod, dergestalt, daß ich, was ein großer Dichter gleich einem Orakel verkündet hat, ohne Zweifel für wahr halte:

Ein kleiner Teil des Lebens ist's, in dem wir leben.

Die restliche ganze Lebenszeit ist nicht Leben, sondern nur Zeit. Es bedrängen und umringen Laster von allen Seiten die

Menschen und erlauben es ihnen nicht, sich aufzurichten und den Blick zu erheben, um die Wahrheit ganz zu erfassen. Sie halten sie nieder und ketten sie an ihre Leidenschaften, und nie erlauben sie ihnen, zu sich selbst zurückzufinden. Wenn sich aber irgendwann zufällig etwas Ruhe einstellt, dann werden sie wie auf hoher See, wo auch nach dem Sturm der Wellengang noch anhält, umhergetrieben, und nie lassen sie die Begierden in Frieden.

Von denen, meinst du, rede ich, deren schlimme Lage außer Zweifel steht? Schau die an, um deren Glück man sich drängt! Sie ersticken an ihren Schätzen! Wie vielen ist ihr Reichtum eine Last! Wie viele kosten ihre Redekunst und der krankhafte Drang, sich täglich als Talent zu produzieren, den letzten Blutstropfen? Wie viele sind blaß von dauernden Ausschweifungen? Wie viele haben keine freie Minute mehr, weil sie Klienten in Scharen umringen!

Ja, nimm sie dir nur alle vor, von den Geringsten bis zu den Prominentesten! Der sucht Rechtsbeistand, der gewährt ihn, der hat einen Prozeß am Hals, der ist sein Verteidiger, jener der Richter, keiner macht sich frei für sich selbst, der eine reibt sich auf für den anderen. Erkundige dich nach denen, deren Namen man sich merken muß: Du wirst sehen, sie lassen sich folgendermaßen herauskennen: Der kümmert sich rührend um diesen, der um jenen, aber keiner um sich selbst.

Ganz töricht ist sodann die Entrüstung bestimmter Leute: Sie klagen über den Dünkel der Höhergestellten, weil diese, als sie ihnen ihre Aufwartung machen wollten, keine Zeit gehabt hätten. Da wagt einer sich über die Arroganz eines anderen zu beschweren, einer, der für sich selbst nie Zeit hat! Immerhin hat dich jener andere, so wie du bist, zwar mit blasierter Miene, aber doch irgendwann einmal zur Kenntnis genommen, hat geruht, deinen Worten sein Ohr zu leihen und dich an seine Seite gelassen. Du aber fandest es unter deiner Würde, einmal auf dich zu sehen, auf dich zu hören. Also gibt es keinen Grund, aus deiner Anhänglichkeit für irgend jemand eine Verpflichtung abzuleiten, weil du ja, als du sie zeigtest, nicht etwa mit einem anderen zusammensein wolltest, sondern es mit dir zusammen nicht aushieltest.

3 Mögen sich alle großen Geister, die je ihr Licht leuchten ließen, in diesem Punkte einig sein – sie werden sich nie genug über eine derartige Verblendung der Menschen wundern können: Ihren Grundbesitz lassen sie sich von niemandem wegnehmen; wenn es einen geringfügigen Streit über die Art der Grenzziehung gibt, stürzen sie auseinander nach Steinen und Waffen. In ihr Leben aber lassen sie andere sich einmischen, ja, sie holen sich selbst die Leute, die künftig darüber verfügen sollen. Niemand findet sich, der sein Geld verteilen möchte – doch sein Leben, an wie viele verteilt das ein jeder! Sie nehmen es genau damit, ihr Vermögen zusammenzuhalten; sobald es dahin kommt, Zeitopfer zu bringen, verschleudern sie mit vollen Händen das einzige Gut, mit dem zu geizen Ehre bringt.

So will ich mir denn aus der großen Zahl der Betagteren einen herausgreifen: »Daß du bis an die äußerste Grenze eines Menschenlebens gelangt bist, sehen wir; du gehst auf die hundert zu – oder darüber. Nun denn, laß zur Schlußabrechnung dein Leben an dir vorüberziehen! Schätze, wieviel von deiner Zeit dich ein Gläubiger, wieviel eine Geliebte, wieviel ein Mächtiger, wieviel ein Klient gekostet hat, wieviel der Streit mit deiner Frau, wieviel die Zurechtweisung der Sklaven, wieviel diensteifriges Herumlaufen in der Stadt! Rechne die Krankheiten dazu, die wir uns selbst aufgeladen haben, rechne dazu auch, was ungenützt brachlag! Du wirst sehen, daß du weniger Lebensjahre vorzuweisen hast, als du zählst.

Überdenke, wann du ein klares Ziel vor Augen hattest, wie wenige Tage so vergingen, wie du es dir vorgenommen hattest, wann du dich mit dir selbst beschäftigt hast, wann deine Miene ausgeglichen, dein Herz unerschüttert war, was du in einem so langen Dasein ausgerichtet hast, wie viele sich Stücke aus deinem Leben gerissen haben, ohne daß du den Verlust bemerktest, wieviel grundloser Ärger, törichte Freude, heißes Verlangen und nette Gesellschaft dir weggenommen haben und wie wenig dir von dem Deinen geblieben ist – du wirst merken, daß du zu früh stirbst.«

Wie sieht die Sache also aus? Als solltet ihr ewig leben, so lebt ihr dahin; nie wird euch eure Vergänglichkeit bewußt, ihr achtet nicht darauf, wieviel Zeit schon vergangen ist, wie aus dem Vollen, aus dem Überfluß verschwendet ihr sie, während vielleicht gerade der Tag, den ihr an einen Menschen oder eine Sache verschenkt, euer letzter ist. Vor allem habt ihr Angst gleich Sterblichen, nach allem verlangt ihr wie Unsterbliche.

Man hört viele sagen: »Mit dem fünfzigsten Jahr will ich mich ins Privatleben zurückziehen, das sechzigste wird mich aus allen Bindungen entlassen.« Und wen nimmst du dir zum Bürgen für ein längeres Leben? Wer wird's erlauben, daß das so, wie du es dir zurechtlegst, vonstatten geht? Schämst du dich nicht, nur einen Lebensrest für dich zu reservieren und lediglich die Zeit für deine innere Vervollkommnung vorzusehen, die man für nichts sonst gebrauchen kann? Es ist doch zu spät, dann mit dem Leben anzufangen, wenn es aufzuhören gilt! Wie kann man so töricht seine Sterblichkeit vergessen, daß man bis ins fünfzigste und sechzigste Lebensjahr vernünftige Vorhaben aufschiebt und an einem Punkt sein Leben beginnen will, den nur wenige erlebt haben?

4 Großmächtigen, hocherhabenen Personen entschlüpfen, wie du feststellen kannst, Bemerkungen der Art, daß sie sich Muße wünschen, sie preisen und über all ihre Güter stellen. Sie möchten manchmal aus jener Höhe, wenn es nur ohne Risiko ginge, herabsteigen, denn mag auch nichts von außen daran kratzen oder stoßen: Glück kann an sich selbst zugrunde gehen.

Der vergöttlichte Augustus, dem die Götter mehr als sonst einem gaben, betete unablässig um Ruhe und Entlastung von den Staatsgeschäften. Bei allem, was er sagte, kam er stets darauf zurück, daß er auf Muße hoffte. Damit – und wenn es falsch war, war es doch angenehm – tröstete er sich über seine Belastungen hinweg, daß er irgendwann sich selber leben könne.

In einem Brief an den Senat finde ich nach der Zusage, sein Ruhestand werde nicht frei sein von Autorität und nicht im Widerspruch stehen zu seinen früheren Ruhmestaten, die folgenden Worte: »Doch es kann sein, daß die Verwirklichung eher eine Illusion bleibt als die Ankündigung. Mich aber hat die Sehnsucht nach dieser hocherwünschten Zeit hingerissen, daß ich, da die erfreulichen Verhältnisse noch auf sich warten lassen, mir vorweg ein wenig Vergnügen aus den angenehmen Worten verschaffte.« Als etwas so Bedeutendes erschien ihm die Muße, daß er sie, weil er sie nicht wirklich genießen konnte, wenigstens in seinen Gedanken vorwegnahm.

Er, der sah, daß alles von ihm allein abhing, der über das Schicksal von Menschen und Völkern entschied, dachte in höchster Freude an jenen Tag, an dem er sich seiner Größe entkleiden würde. Er hatte erfahren, wieviel Schweiß jenes Glück kostete, das über alle Lande hin strahlte, wieviel geheime Ängste sich darunter verbargen. Erst gegen seine Mitbürger, dann gegen seine Amtskollegen, zuletzt gegen

Verwandte hatte er gezwungenermaßen mit den Waffen um die Entscheidung gekämpft und zu Wasser und zu Lande Blut vergossen. Durch Makedonien, Sizilien, Ägypten, Syrien, Kleinasien und fast an allen Küsten entlang war er im Krieg gezogen und hatte die des Römermordens müden Heere wieder in Kämpfe mit fremden Völkern geführt. Während er die Alpen befriedete und Feinde, die sich mitten in einem Friedensreich breitmachten, niederzwang, während er über Rhein und Euphrat und Donau die Grenzen vorschob, wetzten in der Hauptstadt selbst ein Murena, Caepio, Lepidus und Egnatius die Dolche gegen ihn. Noch war er ihren Anschlägen nicht entronnen, da versetzten seine Tochter und so viele junge Männer aus dem Adel, die sich zum Ehebruch geradezu verschworen hatten, den vom Alter Gebeugten in Schrecken, dazu Iullus und abermals die Frau, die man im Bund mit einem Antonius fürchten mußte.
Diese Geschwüre hatte er samt den Gliedmaßen abgeschnitten; andere wuchsen nach. Wie an einem Leib, den zu viel Blut belastet, brach immer wieder irgendwo etwas auf. Daher wünschte er sich Muße; während er sie erwartete und sich ausmalte, wurden ihm seine Lasten leichter. Das war der Wunschtraum dessen, der Wunschträume erfüllen konnte.

5 Während Marcus Cicero, zwischen Leuten wie Catilina und Clodius hin- und hergestoßen, dazu solchen wie Pompeius und Crassus, teils seinen erklärten Feinden, teils unzuverlässigen Freunden, zusammen mit dem Staat dahintrieb, ihn vor dem Untergang zu bewahren suchte und zuletzt doch fortgespült wurde, er, der weder im Glück gelassen blieb noch Unglück ertragen konnte – wie oft hat er da nicht sogar sein Konsulat, das er zwar nicht ohne Grund, doch ohne Ende pries, zur Hölle gewünscht!
Wie kläglich äußert er sich in einem Brief an Atticus, bereits

nach der Niederlage des älteren Pompeius, während dessen
Sohn noch in Spanien die zerschlagene Streitmacht sam-
melte: »Was ich hier treibe, fragst du mich?« schrieb er, »Ich
sitze in meinem Gut bei Tusculum, nur noch halb frei.«
Anderes fügt er noch hinzu, wobei er sein bisheriges Leben
bedauert, über das gegenwärtige jammert und an seiner
Zukunft verzweifelt. ›Halb frei‹ nannte sich Cicero. Aber,
bei Gott, ein Weiser wird sich nie zu einer so verzagten
Äußerung hinreißen lassen, wird nie ›halb frei‹ sein, sondern
stets in voller, unantastbarer Freiheit, unabhängig, selbstän-
dig und über alle anderen erhaben. Was kann nämlich über
dem stehen, der über dem Schicksal steht?

6   Als Livius Drusus, ein energischer und unbeherrschter
Mann, neue Gesetze beantragt und die üblen Pläne der
Gracchen wieder aufgegriffen hatte, soll er inmitten einer
gewaltigen Volksmenge aus ganz Italien, noch ungewiß über
den Ausgang des Unternehmens, das er nicht hätte beginn-
nen dürfen und nun, da es einmal in Gang gesetzt war, von
sich aus nicht mehr abbrechen konnte, sein von frühester
Jugend an unruhiges Leben verflucht und erklärt haben, er
allein habe nicht einmal als Kind Ferien gehabt.
Er hatte sich nämlich erkühnt, als Unmündiger, noch in der
Knabentoga, vor Gericht zugunsten von Angeklagten ein-
zutreten und seinen Charme auf dem Forum auszuspielen,
und zwar derart erfolgreich, daß er, wie man weiß, einige
Richterkollegien ganz auf seine Seite zog.
Wozu hätte sich ein so unzeitiger Ehrgeiz nicht versteigen
sollen? Man hätte sich denken können, daß derart früh be-
wiesene Dreistigkeit unermeßliches Unglück sowohl über
Drusus persönlich wie über den Staat bringen werde. Zu
spät beklagte er sich also, daß er keine Ferien gehabt habe, er,
der von Kindheit an aufmüpfig war und den Richtern lästig

fiel. Man ist sich nicht sicher, ob er Hand an sich gelegt hat, denn unversehens brach er mit einer Wunde im Unterleib zusammen. Manch einer fragte sich da, ob er dieses Ende gewollt habe, niemand, ob es zu früh gekommen sei. Es erübrigt sich, noch mehr Leute anzuführen, die, während sie anderen überglücklich schienen, über sich selbst wahres Zeugnis ablegten und voll Abscheu auf all die hinter ihnen liegenden Jahre blickten. Doch durch solche Klagen haben sie weder andere gebessert noch sich selbst. Denn kaum sind die Worte herausgesprudelt, da verfällt ein von Leidenschaften beherrschter Mensch wieder seinen alten Gewohnheiten.

Bei Gott, euer Leben mag mehr als tausend Jahre dauern: Es wird dennoch auf engste Grenzen zusammenschrumpfen, denn eure Fehler werden manches Jahrhundert schlucken. Die übliche Zeitspanne aber, die, mag es auch die Natur eilig haben, Vernunft zu strecken weiß, die muß euch natürlich wie im Flug vergehen. Ihr greift ja nicht nach ihr und haltet sie nicht fest oder bringt das Flüchtigste, das es gibt, zum Verweilen, sondern laßt es wie etwas Entbehrliches und Ersetzbares entschwinden.

7   Besonders muß ich aber auch jene nennen, die nur für Suff und Sex etwas übrig haben. Sie lassen sich nämlich von den schändlichsten Trieben beherrschen. Denn wenn die anderen auch von den trügerischen Vorspiegelungen ihres Ehrgeizes nicht loskommen, befinden sie sich doch in einem schönen Wahn. Man mag mir nun die Habgierigen, mag mir die Jähzornigen anführen oder solche, die ohne rechten Anlaß ihren Gehässigkeiten und ihrer Streitsucht freien Lauf lassen – all deren Fehler stehen einem Mann noch eher an. Wer sich seinem Bauch und seiner Geilheit überläßt, der entehrt und besudelt sich.

Untersuche nun, wie all diese Leute ihre Zeit verbringen, sieh nach, wie lange sie ihr Geld zusammenzählen, wie lange sie Intrigen spinnen, wie lange sie in Angst sind, wie lang sie jemandem schmeicheln und wie lang sie sich umschmeicheln lassen, wieviel Zeit ihre eigenen und fremde Gerichtstermine in Anspruch nehmen, wieviel die Gelage, die ihrerseits gesellschaftliche Verpflichtungen darstellen! Du wirst mit ansehen, wie nichts sie zu Atem kommen läßt, weder das Schlechte noch das Gute, das ihnen zuteil wird.

Alle Welt ist sich ja darin einig, daß ein Mensch nichts vernünftig ausüben kann, wenn er gestreßt ist, nicht die Kunst der Rede, nicht die anerkannten Fachwissenschaften, da er bei seiner Zerfahrenheit nichts tiefer in sich aufnehmen kann, sondern alles, als hätte man es ihm eingetrichtert, wieder von sich gibt. Nichts versteht ein gestreßter Mensch weniger als zu leben, nichts ist schwerer zu erlernen.

Lehrer für andere Wissensgebiete gibt es allenthalben in großer Zahl, und manche von ihren Lehren scheinen tatsächlich bereits Kinder so in sich aufgenommen zu haben, daß sie sie weitergeben könnten. Leben muß man das ganze Leben lang lernen, und, worüber du vielleicht noch mehr staunst, das ganze Leben lang muß man lernen zu sterben.

So viele große Männer haben alles, was sie abhielt, hinter sich gelassen, indem sie dem Reichtum, den Verpflichtungen, den Vergnügungen entsagten und sich bis ans Ende ihres Lebens darum bemühten, mit Verstand zu leben. In ihrer Mehrheit aber schieden sie mit dem Geständnis aus dem Leben, sie könnten es noch nicht. Wie sollten sich dann diese Durchschnittsmenschen darauf verstehen!

Von Größe, das glaube mir, und einem über menschliche Irrtümer erhabenen Sinn zeugt es, wenn ein Mensch sich nichts von seiner Zeit wegnehmen läßt; deshalb ist sein

Leben auch sehr lang, weil es in seiner ganzen Ausdehnung ihm selbst zur Verfügung stand. Nichts davon wurde vernachlässigt oder blieb unbeachtet, nichts unterlag fremder Bestimmung; er fand nämlich nichts so Wertvolles, daß er es gegen seine Zeit eingetauscht hätte, über die er höchst sorgsam wachte. So hat sie ihm auch gereicht. Denen aber muß sie zwangsläufig fehlen, aus deren Leben alle Welt viel fortgenommen hat.

Und du brauchst jetzt nicht zu glauben, daß jene Leute nicht irgendwann ihren Verlust begreifen: Jedenfalls kannst du die meisten, die großes Glück bedrückt, inmitten ihrer Klientenscharen oder Gerichtsverfahren oder sonstigen ehrenvollen Plagen bisweilen rufen hören: »Ich komme nicht zum Leben!« Warum sollte man nicht dazu kommen? Alle jene, die dich als ihren Beistand anrufen, entführen dich dir selbst. Jener Angeklagte – wie viele Tage hat er dir geraubt? Wie viele jener Amtsbewerber? Wie viele jene Alte, die erschöpft ist von den Begräbnissen ihrer Erben? Wieviel jener Mensch, der, um die Gier der Erbschleicher zu reizen, den Kranken spielt? Wieviel jener höhergestellte Freund, der euch nicht als Freunde um sich hat, sondern als Raumausstattung? Rechne nach, sag' ich dir, und überprüfe deine Lebenstage! Du wirst sehen, daß dir nur wenige, und zwar unnütz verbrachte, verblieben sind.

Kaum hat jener bekommen, was er wollte, nämlich die heißersehnten Abzeichen seines Amts, möchte er sie wieder ablegen und sagt ständig: »Wann ist dieses Jahr endlich vorüber?« Der veranstaltet Spiele, und daß ihm dieser Auftrag erteilt wurde, galt ihm viel. »Wann«, sagt er, »komme ich davon los?« Man reißt sich überall auf dem Forum um jenen Anwalt, er hat gewaltigen Zulauf und füllt damit alles, viel weiter, als man ihn hören kann. »Wann«, spricht er, »sind endlich Gerichtsferien?« Ein jeder übereilt sein Leben und quält sich in Erwartung der Zukunft, während ihm die Gegenwart zuwider ist.

Aber jener, der jegliche Zeit für sich zu nützen weiß, der alle Tage gleich wie das ganze Leben einrichtet, der wünscht sich das Morgen nicht und hat auch keine Angst davor.

Was gibt es denn für ein unerhörtes Vergnügen, das ihm irgendeine Stunde bringen könnte? Alles ist ihm bekannt, alles hat er zu Genüge in sich aufgenommen. Über den Rest mag der blinde Zufall nach Laune walten: sein Leben ist ihm bereits sicher. Es kann noch etwas zugegeben, aber nichts mehr weggenommen werden, und bei der Zugabe ist's, als ob man einem schon vollständig Gesättigten noch etwas zu essen anböte: Was er gar nicht verlangt, bekommt er.

Du hast also keinen Grund, von jemand wegen seiner grauen Haare oder Runzeln anzunehmen, er habe lange gelebt. Nicht lange gelebt hat er, sondern er war lange vorhanden. Das wäre so, als ob du von jemandem glaubtest, er habe eine lange Seereise unternommen, den ein wütender Sturm gleich nach der Ausfahrt aus dem Hafen erfaßte, da- und dorthin verschlug und im Wechselspiel der Winde, die sich von verschiedenen Seiten auf ihn stürzten, stets auf derselben Bahn im Kreise jagte. Der Mann ist nicht viel gefahren, sondern viel herumgetrieben worden.

8 Ich wundere mich regelmäßig, wenn ich irgendwelche Leute sehe, die um ein Zeitopfer bitten, und wenn die darum Gebetenen es willig bringen. Darauf achten beide, warum man es will, auf die Zeit selbst aber keiner, gleich als würde nichts erbeten, als würde nichts gegeben. Mit dem Allerkostbarsten geht man leichtfertig um und merkt es nicht einmal, weil es nichts Gegenständliches ist, weil es nicht ins Auge fällt und deshalb als ganz wohlfeil gilt, ja fast wertlos ist.

Regelmäßige Einkünfte und außerordentliche Spenden be-
ziehen die Leute sehr gern und verwenden darauf Mühe,
Anstrengung und Sorgfalt. Doch niemand weiß die Zeit zu
schätzen; sie gehen mit ihr ziemlich großzügig um, gleich als
gäbe es sie umsonst. Aber sieh dir dieselben Leute nur an,
wenn sie krank sind, wenn ihr Zustand bedrohlich und der
Tod ganz nahe ist, wie sie da die Knie der Ärzte umklammern, wenn es sie vor dem letzten Gang graut, und sie all
ihre Habe, nur um am Leben zu bleiben, zu opfern bereit
sind! Derart widersprüchlich ist ihre Gemütsverfassung!

Könnte man aber so, wie sich bei einem jeden die Zahl der
vergangenen Lebensjahre angeben läßt, auch die der noch
vergönnten nennen, wie würden dann diejenigen, die nur
wenige übrig sähen, in Panik geraten, wie würden sie sparsam mit ihnen umgehen! Allerdings ist es leicht, mit noch so
geringen Mengen hauszuhalten, wenn man sich ihrer sicher
sein darf. Das muß noch peinlicher bewahrt werden, von
dem man nicht weiß, wann es zu Ende geht.

Du brauchst aber nicht zu glauben, daß ihnen unklar sei, wie
wertvoll das ist: Gewöhnlich sagen sie zu denen, die sie am
leidenschaftlichsten lieben, sie seien bereit, ihnen einen Teil
ihrer Jahre zu geben. Sie geben wirklich – und bemerken es
nicht. Auch geben sie so, daß sie, ohne Gewinn für den
anderen, sich selbst etwas nehmen. Doch gerade, ob sie sich
etwas nehmen, das wissen sie nicht. So können sie den Verlust verschmerzen, der unbemerkt bleibt.

Niemand gibt dir deine Jahre zurück, niemand bringt dich
wieder zu dir selber. Dein Leben eilt dahin, wie es begonnen
hat, und wird seinen raschen Lauf nicht zurückrufen oder
hemmen.

Es macht keinen Wirbel, macht nicht darauf aufmerksam,
wie schnell es vergeht: Schweigend entgleitet es. Nicht
durch das Gebot eines Königs, nicht durch die Volksgunst

läßt es sich verlängern. So, wie es am ersten Tage auf die Bahn geschickt wurde, läuft es dahin, kehrt nirgends ein und rastet nirgends. Was wird geschehen? Du bist beschäftigt; das Leben entflieht, der Tod ist schon zur Stelle, für den du, ob du nun willst oder nicht, dir Zeit nehmen mußt.

9 Vermag denn der Verstand der Menschen etwas – ich spreche von denen, die sich mit ihrer Klugheit brüsten? Die sind nur noch hingebungsvoller beschäftigt. Um besser leben zu können, richten sie ihr Leben auf Kosten ihres Lebens ein. Sie denken und planen auf lange Sicht; doch man verliert am meisten von seinem Leben durch Aufschub. Der nimmt einen Tag nach dem andern weg, der raubt uns die Gegenwart, indem er uns Hoffnung auf Künftiges macht. Das größte Lebenshemmnis ist das Warten, das sich ans Morgen klammert und das Heute verliert. Was in der Hand des Schicksals liegt, das verplanst du, was du selbst in der Hand hast, das läßt du fahren! Worauf starrst du? Wonach reckst du dich? Alles, was kommen soll, liegt im Ungewissen. Los, lebe sogleich!

Siehe, laut erhebt der größte Dichter seine Stimme, und, wie von göttlichem Schauer erfaßt, verkündet er Worte des Heils:

Stets die schönsten Tage im Leben entfliehen den armen Sterblichen zuerst.

»Warum zauderst du?« fragt er, »warum tust du nichts? Wenn du sie nicht festhältst, entfliehen sie!« Doch auch wenn du sie festhältst, werden sie trotzdem entfliehen. Daher muß man gegen den schnellen Lauf der Zeit durch raschen Gebrauch ankämpfen und wie aus einem reißenden Gießbach, der nicht ständig fließen wird, geschwind trinken.

Auch das paßt herrlich, um endloses Plänemachen anzuprangern, wenn der Dichter nicht von der schönsten Lebenszeit, sondern vom schönsten Tag spricht. Was läßt du sorglos und, obschon die Zeit so rasch enteilt, gemächlich die Monate und Jahre in langer Reihe vor dir ausschwärmen, wie immer es dir in deiner Begehrlichkeit gut dünkt? Von einem Tag spricht mit dir der Dichter, und zwar von einem, der entflieht. Ist es etwa zu bezweifeln, daß stets die schönsten Tage den Sterblichen entfliehen, den armen – das heißt, den Vielbeschäftigten, deren noch kindliche Gemüter das Alter überrascht, in das sie unvorbereitet und ungerüstet gelangen; sie haben ja dafür nicht vorgesorgt! Plötzlich und unversehens sind sie hineingeraten – daß es täglich näher kam, spürten sie nicht.

Wie entweder eine Unterhaltung oder Lektüre oder etwa intensiveres Nachdenken Reisende die Zeit vergessen läßt und sie erst ihre Ankunft, nicht schon die Nähe ihres Ziels bemerken, so wird diese ständige, atemberaubend rasche Lebensreise, die wir im Wachen wie im Schlafen im gleichen Schritt und Tritt zurücklegen, den Vielbeschäftigten erst an ihrem Ende bewußt.

10 Wollte ich, was ich behauptet habe, weiter aufgliedern und durch Beispiele absichern, so bieten sich viele an, die mir den Nachweis erlauben, daß das Leben der Vielbeschäftigten sehr kurz ist. Fabianus, keiner von diesen Kathederphilosophen, sondern einer von den echten und alten, sagte gewöhnlich: »Gegen die Leidenschaften muß man mit Ungestüm, nicht mit Zartgefühl kämpfen und ihre Front nicht mit Nadelstichen, sondern im Sturmangriff zurückwerfen.« Er hatte für Scheinargumente nichts übrig und meinte, jene müßten zerschmettert, nicht gezaust werden. Gleichwohl, damit solchen Leuten ihr Irrtum vor Augen geführt wird, muß man sie belehren und darf sie nicht nur beklagen.

In drei Zeitspannen zerfällt das Leben, in Vergangenheit, Gegenwart und Zukunft. Davon ist die Zeit, die wir gerade durchleben, vergänglich, die, die wir noch zu leben haben, ungewiß und nur die, die wir durchlebt haben, uns sicher. Sie ist es nämlich, über die das Schicksal seine Macht verloren hat, die nie wieder in jemands Ermessen gestellt werden kann.

Die verlieren beschäftigte Menschen, denn sie haben nicht die Zeit, auf Vergangenes zurückzublicken, und sollten sie sie haben, dann ist ihnen die Erinnerung an das unangenehm, was sie bereuen müßten. Nur ungern denken sie also an schlecht verlebte Zeiten zurück und haben nicht den Mut, sich noch einmal mit dem zu befassen, dessen Mängel – und zwar auch die, die irgendein verführerischer Reiz im Augenblick des Genusses unbemerkt bleiben ließ – bei erneuter Betrachtung ans Licht kommen. Nur wer all sein Tun mit der kritischen Selbstkontrolle verfolgt hat, die sich nie täuschen läßt, wendet sich gern wieder Vergangenem zu. Der aber, der vieles ehrgeizig erstrebt, stolz verachtet, leidenschaftlich durchgesetzt, listig erschlichen, gierig an sich gerissen, leichtfertig verschleudert hat, muß zwangsläufig sein eigenes Gedächtnis fürchten.

Und doch hat dieser Teil unserer Lebenszeit eine heilige Weihe, ist erhaben über alles, was Menschen widerfahren kann und der Macht des Schicksals entzogen, da ihn nicht Not, nicht Angst, nicht der Ansturm der Krankheiten berührt. Er kann nicht verwirrt und nicht entrissen werden. Er ist unser bleibender Besitz, um den wir nicht bangen müssen. Gegenwärtig ist jeweils ein Tag, und der nur von Augenblick zu Augenblick; doch die Tage der Vergangenheit werden sich, wenn du es verlangst, allesamt einstellen und von dir nach Belieben betrachten und festhalten lassen. Dazu haben Beschäftigte freilich keine Zeit.

Es zeugt von einem sorgenfreien, ruhevollen Geist, wenn er all seine Lebensabschnitte durchwandert. Vielbeschäftigte Gemüter können sich, als wären sie ins Joch gespannt, nicht umwenden und zurückblicken. So sinkt denn ihr Leben ins Bodenlose, und so, wie es nichts hilft, wenn du auch noch so viel nachschüttest, falls drunten nichts ist, was es halten und bewahren könnte, so spielt es keine Rolle, wieviel Zeit man erhält, wenn es nichts gibt, wo sie bleiben könnte. Durch ein zerrüttetes, durchlöchertes Gemüt rinnt sie hindurch.

Die Gegenwart ist ganz flüchtig, und zwar in dem Maße, daß manche sie für nicht vorhanden halten. Sie ist ja immer im Fluß und strömt reißend dahin, vergeht, ehe sie noch ganz da ist, und gönnt sich ebensowenig Rast wie das Himmelsgewölbe und die Gestirne, die bei ihrem ewig ruhelosen Umlauf nie am gleichen Ort bleiben. Nur sie ist also für die Beschäftigten von Bedeutung, die Gegenwart, die so flüchtig ist, daß man sie nicht ergreifen kann – und gerade sie entzieht sich ihnen, während sie sich mit vielem verzetteln.

11 Schließlich möchtest du wissen, in welchem Maße sie nicht lange leben? Schau, wie sie sich sehnen, lang zu leben! Tattergreise bitten und betteln um eine Zulage weniger Jahre. Sie tun, als wären sie jünger, sie lügen sich in die eigene Tasche und machen sich so gern etwas vor, als wenn sie gleichzeitig das Schicksal austricksen könnten. Dann aber, wenn sie irgendein Schwächeanfall an ihre Vergänglichkeit erinnert, wie angstvoll sterben sie da, als ob sie nicht aus dem Leben schieden, sondern herausgerissen würden. Dumm seien sie gewesen, daß sie nicht gelebt hätten, jammern sie, und falls sie diese Krankheit überstünden, würden sie in Muße leben. Dann denken sie daran, wie sie umsonst herangeschafft hätten, was sie nicht mehr genießen könnten, wie ihre ganze Mühe vergebens gewesen sei.

Doch jenen, die ihr Leben fern von jeder Obliegenheit verbringen, wie sollte es denen nicht lang sein? Nichts davon wird anderen überlassen, nichts da- und dorthin verschleudert, nichts davon dem Schicksal ausgeliefert, nichts geht durch Gedankenlosigkeit verloren, nichts wird großzügig verschenkt, nichts ist überflüssig. Als Ganzes, wenn ich so sagen darf, steht es auf der Habenseite. Mag es auch noch so kurz sein, es ist genug und übergenug, und deshalb wird der Weise, wann immer der letzte Tag da ist, ohne Zögern dem Tod mit festem Schritt entgegengehen.

12 Vermutlich möchtest du wissen, wen ich als ›vielbeschäftigt‹ bezeichne. Nun, du brauchst nicht zu glauben, daß ich nur die so nenne, die man aus dem Gerichtssaal erst hinauswerfen kann, wenn man Hunde auf sie hetzt, die entweder inmitten ihres eigenen Klientenschwarms fortgedrängt werden, was immerhin Aufsehen macht, oder im Gefolge eines anderen, was eher Schande bringt, dazu Leute, die ihre Verpflichtungen aus dem Haus treiben, damit sie an fremde Türen klopfen, und solche, die eine vom Prätor anberaumte Auktion in Atem hält, aus schnöder Profitgier, die sie eines Tages zerfrißt – nein: Bei manchen Leuten ist auch die Freizeit von Geschäftigkeit erfüllt. Auf ihrem Landgut oder gar im Bett, in tiefster Einsamkeit, lassen sie, obwohl sie sich von allem zurückgezogen haben, sich selbst keine Ruhe. Ihr Leben kann man nicht ›müßig‹ nennen, sondern nur ›müßige Betriebsamkeit‹.

Oder nennst du den müßig, der Bronzen aus Korinth, die nur wegen der Verrücktheit von ein paar Leuten wertvoll sind, mit peinlicher Genauigkeit restauriert und den größeren Teil des Tags über ein paar Blechstückchen voller Grünspan verbringt? Oder den, der in der Ringschule herumsitzt – zu unserer Schande plagen uns ja nicht einmal nur typisch römische Laster – und zuschaut, wie kleine Jungen sich balgen? Oder den, der aus seiner eigenen ölglänzenden Ringertruppe nach Alter und Hautfarbe passende Paare heraussucht? Oder den, der die jämmerlichsten Sportler durchfüttert?

Und weiter: Nennst du die müßig, die viele Stunden beim Friseur verbringen, während sie sich ausrupfen lassen, was etwa in der letzten Nacht nachwuchs, während man über jedes einzelne Haar eine Debatte eröffnet, während man entweder zerzaustes Haar in Ordnung bringt oder schütteres von da und dort in die Stirn kämmt? Wie werden sie wütend, wenn der Meister etwas nachlässig war, des Glaubens, daß er einen Mann rasierte! Wie erhitzen sie sich, wenn ein wenig von ihrer Mähne abgeschnitten wurde, wenn etwas nicht ordentlich liegen will, wenn nicht alles schön in Ringellöckchen fällt! Wer von diesen Leuten möchte nicht lieber den Staat in Unordnung sehen als seine Frisur? Wer ist nicht ängstlicher auf seine Haarpracht bedacht als auf seine Gesundheit? Wer wäre nicht lieber fein herausgeputzt als anständig? Und die nennst du müßig, die immerzu mit Kamm und Spiegel beschäftigt sind?

Doch wie steht's um jene, die sich mit dem Dichten, Anhören und Auswendiglernen von Liedern abgeben, wobei sie die Sprache, deren rechten Fluß die Natur so schön und schlicht gestaltet hat, zu den abartigsten Koloraturen zwingen, Leute, deren Finger den Takt eines Lieds, das ihnen gerade durch den Kopf geht, ständig mitklopfen, Leute, die selbst bei ernsten, ja oft gar bei traurigen Anlässen eine leise Melodie vor sich hinsummen? Die kennen keine Muße, nur müßige Geschäftigkeit.

Auch ihre Gelage möchte ich bei Gott nicht ihrer Freizeit zuschlagen, da ich ja sehe, wie penibel sie das Tafelsilber aufstellen, wie sorgsam sie die Hemdchen ihrer Lustknaben hochgürten lassen, wie gespannt sie darauf sind, in welchem Zustand der Eber aus der Küche kommt, mit welchem Tempo auf ihr Kommando die glattrasierten Bürschchen zum Servieren losspurten, mit welchem Raffinement das Geflügel in nicht zu große Stücke zerlegt wird und wie sorgsam bedauernswerte junge Sklaven abwischen, was Betrunkene von sich gegeben haben. Mit all dem möchten sie in den Geruch von Feinheit und Lebensart kommen, und das hängt ihnen derart bis in die intimsten Lebensbereiche an, daß sie weder trinken noch essen können, ohne dabei anzugeben.

Nicht einmal jene solltest du zu den Geruhsamen zählen, die sich in einem Tragstuhl oder einer Sänfte da- und dorthin bringen lassen und für ihre Ausflüge, als ob sie davon nicht abgehen dürften, eine bestimmte Tageszeit abwarten, Leute, die dann, wenn sie sich waschen, wenn sie schwimmen, wenn sie essen sollen, ein anderer darauf hinweist. Derart abgeschlafft sind solche Snobs, daß sie von sich aus nicht feststellen können, ob es sie hungert.

Da höre ich von einem dieser Genießer – sofern man es einen Genuß nennen darf, sich normaler Lebensgewohnheiten zu entäußern, – er habe, als man ihn aus der Badewanne hob und in einen Sessel setzte, mit Nachdruck gefragt: »Sitze ich schon?« Was meinst du: Kann so einem, der nicht weiß, ob er sitzt, bewußt sein, ob er lebt, ob er was sieht, ob er Muße hat? Es fällt mir nicht leicht zu entscheiden, ob ich ihn mehr bedauern soll, wenn er's wirklich nicht weiß oder wenn er nur so tut.

Bei vielen Dingen verspüren diese Leute ihre Vergeßlichkeit, doch bei vielen schützen sie sie auch nur vor; bestimmte Schwächen freuen sie, als bewiesen sie ihr Glück: nur zu einem ganz unbedeutenden und verächtlichen Menschen paßt es ihrer Ansicht nach, zu wissen, was er tut.

Geh nur und bilde dir ein, die Komödianten ließen sich lauter Lügen einfallen, um den Luxus anprangern zu können. Bei Gott, sie lassen mehr unerwähnt als sie erfinden, und eine solche Fülle unglaublicher Entgleisungen ist in unserem nur dazu talentierten Jahrhundert vorgekommen, daß wir den Komödianten bereits ihre Gleichgültigkeit vorwerfen können.

Da gibt's doch einen, der in seinem Lotterleben so tief gesunken ist, daß er es sich von einem anderen sagen lassen muß, ob er sitzt. Ein solcher Mensch lebt wirklich nicht geruhsam; für seinen Zustand braucht man eine andere Bezeichnung: Krank ist er, oder besser: tot ist er! Geruhsam lebt nur, wer seine Ruhe auch empfindet. Unser Halbtoter aber, der einen Informanten nötig hat, um sich über seine körperliche Lage klarzuwerden, wie kann der je Herr seiner Zeit sein?

13 Die einzeln aufzuzählen ginge zu weit, denen entweder der Spieltisch oder der Sportplatz oder das Bedürfnis, in der Sonne zu schmoren, das Leben unnütz verrinnen ließen! Auch die leben nicht in Muße, deren Vergnügen viel Unmuße mit sich bringt. Denn bei denen hat niemand Zweifel daran, daß sie mit Anstrengung nichts tun, die sich mit nutzloser Gelehrsamkeit abgeben – und das sind auch in Rom schon eine ganze Menge. Aus Griechenland stammt dieser abartige Drang zu ergründen, wie viele Ruderer Odysseus gehabt habe, ob die Ilias oder die Odyssee früher abgefaßt worden sei, ob beide vom gleichen Dichter stammten und noch mehr von der Art, das, sofern du es still für dich behältst, dein Selbstbewußtsein nicht hebt, sofern du es aber unter die Leute bringst, dich nicht gescheiter erscheinen läßt, sondern nur ziemlich lästig.

Sieh nur, auch über die Römer ist das närrische Bedürfnis gekommen, Unnötiges zu erlernen. Erst in den letzten

Tagen hörte ich, wie einer darüber referierte, welcher römische Heerführer jeweils etwas zuerst getan habe. Als erster siegte in einer Seeschlacht Duilius, als erster führte Curius Dentatus im Triumph Elefanten mit. Immerhin hat dergleichen, wenn es auch keinen wahren Ruhm bringt, noch etwas mit den herausragenden Leistungen unserer Mitbürger zu tun. Nutzen bringt solches Wissen nicht, doch kann es unser Interesse wecken, und es beeindruckt, obwohl es wertlos ist.

So wollen wir den Forschern denn auch die Frage gestatten, wer die Römer als erster dazu beredete, ein Schiff zu besteigen. Claudius war es, Caudex gerade deshalb zubenannt, weil ein Gefüge aus mehreren Brettern bei den Alten *caudex* hieß. Daher nennt man auch die in der Öffentlichkeit aufgestellten Gesetzestafeln *codices* und bezeichnet nach altem Brauch die Schiffe, die auf dem Tiber Lebensmittel heranschaffen, als *codicariae*.

Gewiß gehört auch das hierher, daß Valerius Corvinus als erster Messina bezwang und als erster aus der Familie der Valerier, weil er sich den Namen der eroberten Stadt beilegte, Messana hieß, aber im Lauf der Zeit Messalla genannt wurde, da das einfache Volk die Buchstaben durcheinanderbrachte.

Man wird wohl auch Verständnis dafür haben, wenn sich einer dafür interessiert, daß Lucius Sulla als erster im Circus Löwen losließ, während man sie sonst nur angekettet zeigte, da ihm König Bocchus Speerwerfer geschickt hatte, um sie zu erlegen.

Sogar dies mag noch hingehen. Aber daß Pompeius als erster im Circus einen Kampf gegen achtzehn Elefanten zeigte und dazu, wie in einer Schlacht, Verbrecher antreten ließ, ist das noch zu etwas gut? Der erste Mann im Staat, der unter den Großen von einst, wie die Rede geht, durch besondere

Qualitäten herausragte, hielt es für ein denkwürdiges Schauspiel, Menschen auf unerhörte Weise umzubringen. Sie kämpfen um ihr Leben. Zu wenig! Sie werden zerfleischt. Zu wenig! Sie sollen von den tonnenschweren Kolossen zertrampelt werden! Besser wäre es gewesen, das in Vergessenheit geraten zu lassen, damit nicht später ein Mächtiger davon erfährt und es Pompeius mißgönnt, daß nur er so Unmenschliches ausführte. Ach, wie schwer verblendet uns doch großes Glück! Jener glaubte sich damals über die Weltordnung stellen zu dürfen, als er scharenweise unglückliche Menschen den unter einem anderen Himmelsstrich geborenen Ungetümen vorwarf, als er Krieg zwischen so grundverschiedenen Wesen entfesselte, als er vor den Augen der Römer viel Blut vergoß, er, der sie selbst bald zwingen sollte, noch mehr zu vergießen! Doch derselbe Mann wurde später in Alexandria treulos hintergangen und ließ sich von einem ganz erbärmlichen Sklaven erstechen. Da wurde ihm endlich bewußt, wie grundlos er den stolzen Beinamen »der Große« führte.

Um aber darauf zurückzukommen, wovon ich abgeschweift bin, und um am gleichen Gegenstand die völlig überflüssige Gründlichkeit mancher Forscher zu erweisen: Der eben zitierte Autor berichtete, Metellus habe im Triumph über die auf Sizilien besiegten Karthager hundertzwanzig erbeutete Elefanten mitgeführt, Sulla habe als letzter Römer die heilige Stadtgrenze vorgeschoben, was nach altem Brauch nur geschah, wenn in Italien, aber nicht anderswo, Land gewonnen worden war. Das zu wissen, ist nützlicher als daß der Aventin sich außerhalb des Stadtgebiets befindet, was derselbe Mann versichert, und zwar entweder aus dem Grund, weil sich dorthin die Plebs abgesetzt habe, oder aber deshalb, weil damals, als Remus an jenem Ort Vogelschau hielt, die Zeichen ungünstig waren.

Darauf folgt gleich noch eine Unzahl weiterer Nachrichten, die entweder voll von Lügen sind oder zumindest so klingen. Denn gesetzt, daß diese Leute das alles in gutem Glauben erzählen, gesetzt, daß sie sich für die Richtigkeit des Geschriebenen verbürgen – wessen Irrtümer wird denn dergleichen verringern? Wessen Begierden wird es unterdrükken? Wen wird es tapferer, wen gerechter, wen freigiebiger machen? Er sei noch im Zweifel, sagte oft unser lieber Fabianus, ob es nicht besser sei, sich überhaupt nicht wissenschaftlich zu betätigen, als sich in derlei Studien zu verheddern.

14 Ganz allein die haben Muße, die ihre Zeit der Philosophie widmen. Sie allein leben. Denn nicht nur auf ihre eigene Lebenszeit haben sie wohl acht, sondern sie schlagen ihr noch die ganze Ewigkeit hinzu. Alle Jahre, die vergingen, bevor sie auf die Welt kamen, gehören ihnen. Wenn wir nicht ganz undankbar sind, so sind jene hochberühmten Begründer heiliger Lehren für uns geboren, haben unseren Lebensweg vorgezeichnet. Zu den herrlichsten Dingen, die aus tiefem Dunkel ans Licht geholt wurden, führt uns die Mühe anderer.

Von keinem Jahrhundert sind wir ausgeschlossen, zu allen haben wir Zutritt, und wenn wir uns ein Herz fassen und die engen Grenzen menschlicher Schwäche hinter uns lassen wollen, so haben wir reichlich Zeit, um uns darin zu ergehen.

Debattieren darf man mit Sokrates, in Frage stellen mit Karneades, mit Epikur ein ruhiges Leben führen, Menschenlos mit den Stoikern überwinden, mit den Kynikern Grenzen überschreiten. Da die Natur uns an der ganzen Vergangenheit Anteil gibt, warum sollten wir uns da nicht von der nichtigen und flüchtigen Spanne unseres kurzen Lebens aus mit ganzem Herzen in das versenken, was unermeßlich, was ewig, was uns mit Besseren gemeinsam ist?

Die Narren, die von Verpflichtung zu Verpflichtung hetzen, die sich und anderen die Ruhe rauben – wenn die es so richtig toll getrieben, wenn sie durch aller möglichen Leute Vorzimmer täglich die Runde gemacht und keine offene Tür ausgelassen, wenn sie den unterschiedlichsten Häusern ihre bezahlte Morgenvisite abgestattet haben: Wie viele Leute aus der unermeßlichen, in vielerlei Begierden verstrickten Stadt konnten sie sehen? Wie viele wird's geben, bei denen man sie abweist, weil sie entweder schlafen oder schlemmen oder Knauser sind? Wie viele, die an ihnen, wenn sie sie lange haben warten lassen, in gespielter Hast vorbeirennen? Wie viele werden sich den Gang durch das von Klienten verstopfte Atrium ersparen und durch eine versteckte Tür entwischen, als ob es nicht noch unhöflicher wäre, jemanden zu täuschen als ihn auszusperren? Wie viele werden vom gestrigen Rausch noch schlaftrunken und verkatert sein und für jene armen Kerle, die auf ihren Schlaf verzichteten, nur um zu warten, bis ein anderer ausgeschlafen hat, kaum die Lippen regen? Erst wenn man ihnen ihren Namen tausendmal zugeflüstert hat, werden sie ihn mit unglaublicher Arroganz tonlos wiederholen.

Die Leute haben sich unseres Erachtens die rechte Beschäftigung gesucht, und wir dürfen es ruhig sagen, die täglich mit Zenon, mit Pythagoras, Demokrit und den übrigen großen Gelehrten wie Aristoteles und Theophrast möglichst vertrauten Umgang pflegen möchten. Keiner von diesen wird unabkömmlich sein, keiner wird den, der zu ihm kommt, nicht glücklicher und mit sich selbst zufriedener ziehen lassen, keiner wird es hinnehmen, daß jemand von ihm mit leeren Händen fortgeht. In der Nacht, am Tag und für jedermann sind sie zu sprechen.

15 Von diesen wird dich keiner zwingen zu sterben, aber alle werden es dich lehren; von diesen wird dich keiner um Jahre deines Lebens bringen, sondern die seinen dazugeben. Keiner ist darunter, mit dem zu reden riskant ist, keiner, dessen Freundschaft dich ins Verderben stürzt, keiner, den zu ehren viel Geld kostet. Du kannst von ihnen alles mitnehmen, was du willst; es ist nicht ihre Schuld, wenn sich dein höchster Wunsch nicht erfüllt.

Welche Seligkeit, welch herrliches Alter erwartet den, der sich unter ihren Schutz gestellt hat! Er hat Gesprächspartner, mit denen er Kleinigkeiten ebenso wie Hochwichtigem nachgehen und die er in eigener Sache täglich um Rat fragen kann, von denen er die Wahrheit ohne kränkende Schärfe, Lob ohne Schmeichelei hört und nach deren Vorbild er sich formen kann.

Gewöhnlich sagen wir, wir hätten uns unsere Eltern nicht aussuchen können; der Zufall habe sie uns gegeben. In Wirklichkeit ist unsere Abkunft unserer freien Entscheidung überlassen. Die edelsten Geister haben Familien: Such dir heraus, in welche du aufgenommen werden willst. Du bekommst durch die Adoption nicht nur einen neuen Namen, sondern gerade die Güter, die man nicht wie ein schmutziger Geizhals und Knauser zu hüten braucht: Sie werden mehr, an je mehr Leute man sie austeilt.

Sie machen dir zur Ewigkeit den Weg frei und erheben dich an jenen Ort, von wo niemand herabgestoßen werden kann. Das ist die einzige Möglichkeit, das Leben eines Sterblichen zu verlängern, ja ihn unsterblich zu machen. Alle Ruhmestitel und Denkmäler, die ein ehrgeiziger Mensch sich zuerkennen ließ oder aus Stein errichtete, sind schnell dahin; alles vernichtet und beseitigt in ihrem Lauf die Zeit. Aber den unsterblichen Schöpfungen der Philosophie kann sie nicht schaden. Keine Generation wird sie abschaffen, keine ihnen Abbruch tun. Die folgende und jede weitere wird etwas zu ihrer Hochschätzung beitragen, da sich ja die Mißgunst gegen das kehrt, was nahe liegt, während wir das Ferne uneingeschränkt bewundern.

Eines weisen Mannes Leben währt also lang; nicht die gleiche Grenze wie anderen ist ihm gesetzt. Er allein ist frei von dem, was die Menschheit bindet. Alle Jahrhunderte stehen ihm wie einem Gott zu Gebote. Vorbei ist irgendeine Zeit? Er ruft sie sich in Erinnerung. Sie ist da? Er weiß sie zu nutzen. Sie will erst kommen? Er nimmt sie in Gedanken schon vorweg. Lang wird sein Leben dadurch, daß er alle Zeit in eins zusammenfaßt.

16 Dagegen ist deren Leben äußerst kurz und unruhig, die Vergangenes vergessen, sich um die Gegenwart nicht kümmern und vor der Zukunft fürchten. Wenn ihr letztes Stündchen kommt, erkennen die Bedauernswerten zu spät, daß sie so lange, ohne etwas zu tun, geschäftig waren.

Übrigens brauchst du nicht zu glauben, es lasse sich daraus schlüssig erweisen, daß sie ein langes Leben führen, weil sie manchmal nach dem Tod rufen. In ihrer Unwissenheit sind sie das Opfer von Stimmungsschwankungen, die sie gerade dem entgegentreiben, was sie fürchten. Den Tod wünschen sie sich oft deshalb, weil sie Angst vor ihm haben.

Auch das erlaubt nicht den Schluß, sie lebten lange, weil ihnen ein Tag oft lang erscheint, so daß sie sich, bis die verabredete Zeit der Abendeinladung kommt, über den trägen Gang der Stunden beklagen. Denn wenn ihnen einmal die Beschäftigungen ausgegangen und sie der Muße überlassen sind, dann werden sie nervös und verstehen es nicht, sie einzuteilen, um möglichst viel davon zu haben. Daher trachten sie nach irgendeiner Ablenkung, und alle Zeit, die inzwischen noch vergeht, ist ihnen zuwider – bei Gott, genauso,

wie sie, wenn der Tag für einen Gladiatorenkampf bekannt-
gegeben ist oder sie bei irgendeinem anderen Spektakel oder
Vergnügen den verabredeten Zeitpunkt erwarten, die Tage
dazwischen überspringen möchten.

Wenn sie sich auf etwas Hoffnungen machen, ist jeder Aufschub lang. Aber die Zeit, an der sie Gefallen finden, ist kurz,
vergeht rasch und wird noch beträchtlich kürzer durch ihre
eigene Schuld. Sie jagen nämlich von einem zum andern
und können es bei einer einzigen Vergnügung nicht lange
aushalten. Die Tage sind ihnen nicht lang, sondern verhaßt;
doch wie kurz kommen ihnen dagegen die Nächte vor, die
sie in den Armen von Huren oder beim Wein hinbringen.
Daher kommt auch der verrückte Einfall der Dichter, die
mit ihren Fabeleien dem Wahn der Menschen noch Vor-
schub leisten: Sie bilden sich ein, Jupiter habe, von Liebeslust
gelockt, einer Nacht die doppelte Länge gegeben. Was ist
das anderes als ein Ansporn für unsere Ausschweifungen,
wenn man als deren Erfinder die Götter nennt und eine
krankhafte Leidenschaft durch göttliches Vorbild entschul-
digt und entfesselt? Müssen diesen Leuten nicht ihre Nächte
äußerst kurz vorkommen, für die sie einen so hohen Preis
zahlen? Den Tag verlieren sie im Warten auf die Nacht, die
Nacht in Angst vor dem Tageslicht.

17 Gerade im Genuß sind sie hektisch und wegen unter-
schiedlicher Ängste voll Unruhe, und auf dem Höhepunkt
der Lust drängt sich ihnen die bange Frage auf: »Wie lange
noch?« Aus einer solchen Stimmung heraus haben Könige
über ihre Macht geweint, und nicht die Größe ihres Glücks
machte sie froh, sondern dessen irgendwann bevorstehendes
Ende entsetzte sie.

Als er in der gewaltigen Weite des Blachfelds sein Heer sich
lagern ließ und sich nicht seine Zahl, sondern sein Ausmaß

vor Augen führte, vergoß der übermütige Perserkönig Tränen, weil in hundert Jahren von so vielen jungen Männern keiner mehr am Leben sein werde. Dabei war eben er, der weinte, im Begriff, sie ins Verhängnis zu führen und die einen auf dem Meer, die anderen auf dem Lande, wieder andere im Kampf oder auf der Flucht zu verlieren und innerhalb ganz kurzer Zeit die zu verderben, um deren hundertstes Jahr er sich sorgte.

Ja, sogar die Freuden derartiger Leute sind angsterfüllt! Sie haben nämlich keinen festen Grund, sondern werden infolge derselben Einbildungen, aus denen sie erwachsen, auch getrübt. Wie beschaffen sind dann aber erst die Zeiten, die nach ihrem eigenen Eingeständnis leidvoll sind, wenn schon auf die, in denen sie sich brüsten und über Menschenmaß erheben, zu wenig Verlaß ist?

Gerade die herrlichsten Gaben des Schicksals schaffen Unruhe, und keinem Glück darf man weniger fest trauen als dem allergrößten. Weitere Erfolge sind nötig, um den Erfolg zu sichern, und gerade wenn Gebete erhört wurden, muß man beten. Alles nämlich, was von ungefähr kommt, hat keinen Bestand; je höher es sich erhebt, um so näher ist es seinem Untergang. Nun freut aber niemanden, was vergehen wird; demnach müssen zwangsläufig die ein ganz beklagenswertes, nicht nur ein äußerst kurzes Leben führen, die sich mit großer Plage das verschaffen, was sie sich mit noch größerer erhalten. Mühsam erlangen sie, was sie sich wünschen; ängstlich umklammern sie, was sie erlangten.

Währenddessen achten sie nicht auf die unwiederbringlich vergehende Zeit; neue Beanspruchungen treten an die Stelle der alten, Hoffnung weckt Hoffnung, Ehrgeiz den Ehrgeiz. Man sucht nicht dem Elend ein Ende zu machen, es wechseln nur seine Gründe. Unsere Karriere hat uns keine Ruhe gelassen? Noch mehr Zeit kostet uns die anderer Leute. Die anstrengende Bewerbung um Staatsämter haben wir aufgegeben? Dafür versuchen wir uns nun als Wahlhelfer. Dem lästigen Geschäft des Anklägers haben wir entsagt? Das des Richters fällt uns zu. Aus der Rechtsprechung hat der sich zurückgezogen? Untersuchungsrichter ist er jetzt. Bei der gewerbsmäßigen Verwaltung fremden Vermögens ist jener alt geworden? Jetzt läßt ihn sein eigener Besitz nicht los.

Den Marius drückt der Soldatenstiefel nicht mehr? Nun bringt ihn das Konsulat auf Trab. Cincinnatus will seine Amtszeit als Diktator rasch hinter sich bringen? Man wird ihn vom Pflug zurückrufen. Gegen die Punier zieht, noch zu jung für ein solches Unternehmen, Cornelius Scipio, besiegt Hannibal, besiegt Antiochos, führt ruhmreich sein eigenes Konsulat und bürgt für das seines Bruders.

Würde er nicht selbst Einhalt gebieten, stellte man ihn neben Jupiter! Die eigenen Bürger werden ihren Retter im Parteienkampf zermürben, und nachdem er als Jüngling göttergleiche Ehren von sich wies, wird im Alter das freiwillige Exil sein Stolz und seine Freude sein.

Niemals wird es im Glück oder im Unglück keinen Grund zur Besorgnis geben. Unter Belastungen wird man durchs Leben gestoßen, nie hat man Muße, immer wünscht man sie.

18 Trenne dich also von der Masse, mein lieber Paulinus, und zieh dich, schon ärger umgetrieben, als es der Zahl deiner Jahre entspräche, endlich in einen ruhigeren Hafen zurück! Denk daran, mit welchen Fluten du schon gerungen, welche Stürme du teils im eigenen Haus bestanden, teils in der Öffentlichkeit auf dich gezogen hast. Hinreichend hat sich in leiderfüllten, unruhevollen Zeiten deine Kraft erwiesen und bewährt. Erprobe nun, was sie in der Muße leistet! Der größere Teil deines Lebens und gewiß der bessere war der Politik gewidmet. Etwas von deiner Zeit nimm auch für dich!

Ich will dich nicht zu träger, tatenloser Ruhe verlocken, nicht dazu, daß du im Schlaf und bei den Genüssen, die die Masse liebt, alle deine Energien erlöschen läßt. ›Ausruhen‹ ist das nicht! Du wirst größere Aufgaben finden als die, die du schon tatkräftig erledigt hast. Mit ihnen kannst du dich in sicherer Zurückgezogenheit beschäftigen.

Du freilich führst die Rechnungsbücher eines Weltreichs so uneigennützig wie die eines anderen, so gewissenhaft wie deine eigenen, so penibel, als ob sie jedem offen lägen. In einem Amt erwirbst du dir Zuneigung, in dem es schwerfällt, Anfeindungen zu meiden, aber trotzdem, das darfst du mir glauben, ist's noch besser, über sein eigenes Leben Rechenschaft ablegen zu können als über die staatliche Getreideversorgung.

Diese deine geistige Spannkraft, die den größten Aufgaben gewachsen ist, widme nicht weiter einem Amt, das zwar ehrenvoll ist, aber für ein glückliches Leben nicht die rechten Voraussetzungen schafft, und bedenke, daß du nicht deshalb von frühester Jugend an alle möglichen Studien getrieben hast, damit dir eine Unmenge Getreide guten Gewissens anvertraut werden kann. Etwas Größeres und Hervorragenderes hatte man sich von dir erhoffen dürfen. Es wird nicht fehlen an Leuten, die sparsam wirtschaften und hart arbeiten können. Erheblich besser geeignet, um Lasten zu schleppen, sind dumme Ochsen als stolze Pferde. Wer hat diesen edlen Rennern je eine schwere Bürde aufgelegt?

Bedenke ferner, wieviel Unmuße es mit sich bringt, wenn du dich einer so gewaltigen Aufgabe stellst. Du hast es mit dem Magen der Leute zu tun, und kein Argument beeindruckt, keine gerechte Entscheidung besänftigt, keine Bitte bestimmt das Volk, wenn es hungert.

Vor ganz kurzer Zeit, in jenen paar Tagen, als Caligula um-
kam und – wenn es in der Unterwelt noch so etwas wie
Bewußtsein gibt – sich darüber maßlos ärgerte, daß er abtre-
ten mußte, während das römische Volk am Leben blieb, war
noch für höchstens sieben oder acht Tage Getreide vorhanden. Während er Schiffsbrücken baute und die Staatsfinan-
zen verjubelte, war das eingetreten, was selbst für Belagerte
das ärgste Unheil ist: Nahrungsmangel! Fast mit dem Hun-
gertod der Bevölkerung und mit dem einer Hungersnot folgenden allgemeinen Zusammenbruch endete Caligulas Ver-
such, den wahnsinnigen, barbarischen, zu seinem Unglück
überheblichen König Xerxes nachzuahmen.
Was empfanden damals die Leute, denen die staatliche
Getreideversorgung anvertraut war, als sie auf Steinwürfe,
Schwertstreiche, Brandstiftung und auf Caligula gefaßt sein
mußten? Mit äußerster Verstellungskunst suchten sie die
nur Eingeweihten bekannte üble Lage geheimzuhalten, und
zwar mit gutem Grund: Manche Krankheiten müssen nämlich ohne Wissen des Patienten behandelt werden. Für viele
war es die Todesursache, daß sie ihr Leiden kannten.

19   Zieh dich also zu diesen ruhigeren, sichereren, wichti-
geren Tätigkeiten zurück! Meinst du, es sei dasselbe, ob du
dafür sorgst, daß ohne Einbuße durch Betrug oder Schlam-
perei der Lieferanten das Getreide in die Speicher kommt,
daß es nicht durch Nässe Schaden nimmt und sich erhitzt,
daß Maß und Gewicht stimmt, oder ob du dich den folgenden metaphysischen Fragen zuwendest: Woraus besteht
Gott, was ist sein Vergnügen, was sein Beruf, wie seine
Gestalt? Welches Schicksal erwartet deinen Geist? Wohin
wird die Natur uns, wenn wir aus dem Leib entlassen sind,
versetzen? Was ist es, das in dieser Welt gerade das Schwerste
in der Mitte hält, es über Leichtem schweben und das Feuer

ganz hoch hinauf steigen läßt? Was lenkt die Gestirne auf ihrer Bahn? Dazu noch alles andere, unsagbar wundervoll. Willst du die Erde hinter dir lassen und das im Geiste schauen? Jetzt, solange das Blut noch warm und man noch frisch ist, muß man sich auf den Weg zum Besseren machen.

Dir steht bei solcher Lebensweise eine Fülle edler Betätigungen bevor, du wirst Vollkommenheit erstreben und erfahren, Leidenschaften vergessen, zu leben und zu sterben wissen und in allem tiefe Ruhe finden.

20 Alle Geschäftigen befinden sich demgegenüber in einer üblen Lage, und am übelsten sind die dran, die sich nicht einmal mit eigenen Geschäften plagen, sondern nur, wenn ein anderer schläft, auch schlafen und nach eines anderen Tritt die Füße setzen. Sogar Liebe und Haß, was sich am allerwenigsten erzwingen läßt, wird ihnen anbefohlen. Sollten solche Leute wissen wollen, wie kurz ihr eigenes Leben sei, müssen sie überlegen, zu welchem Teil es das ihre ist.

Siehst du also, daß einer schon oft die Amtstracht angelegt hat, daß auf dem Forum sein Name in aller Munde ist, so neide es ihm nicht: Dergleichen gewinnt man unter Verlust an Lebenszeit. Damit ein einziges Jahr – als ihr Konsulatsjahr – unter ihrem Namen läuft, opfern sie alle ihre Jahre auf. Manche mußten, ehe sie das letzte Ziel ihres Ehrgeizes erreichten, noch während sie sich auf den ersten Stufen abmühten, das Leben lassen, manchen wurde, als sie sich zu höchster Würde unter tausendfacher Entwürdigung hochgearbeitet hatten, deprimierend bewußt, daß sie sich nur für ihre Grabschrift geplagt hatten. Manche ließ ihr hohes Alter, während sie es, als wären sie noch jung, für neue Hoffnungen verplanten, bei großen und maßlosen Vorhaben kraftlos im Stich. Ein garstiges Bild gibt der ab, dem, während er vor

Gericht für ihm ganz unbekannte Kontrahenten hochbetagt
eintritt und es auf den Beifall einfältiger Zuhörer abgesehen
hat, die Luft wegblieb, ein trauriges jener, der – vom Leben
rascher als von der Arbeit erschöpft – mitten unter seinen
Verpflichtungen zusammenbrach, ein trauriges auch einer,
den, während er sich auf dem Sterbebett noch Abrechnun-
gen vorlegen ließ, sein lang hingehaltener Erbe auslachte.
Ich bringe es nicht fertig, ein Beispiel, das mir eben in den
Sinn kommt, auszulassen: Turannius war ein ungewöhnlich
gewissenhafter alter Mann. Als dieser nach Vollendung des
neunzigsten Lebensjahrs von seinem Amt als Prokurator
durch Caligula entbunden worden war, ohne daß er darum
gebeten hätte, ließ er sich aufbahren und wie einen Toten
von seinem Gesinde, das ihn umstand, beklagen. Da bejam-
merte das ganze Haus den Ruhestand seines greisen Herrn
und beendete die Trauer erst dann, als ihm sein aufreibendes
Amt zurückgegeben war. Ist's eine solche Freude, im Dienst
zu sterben?

Dieselbe Einstellung findet man bei den meisten. Länger
haben sie Verlangen nach Arbeit als die Befähigung dazu. Sie
kämpfen gegen ihre physische Schwäche an und halten das
Alter nur aus dem einen Grund für beschwerlich, weil es sie
in Pension schickt. Nach dem Gesetz wird man vom fünfzigsten Lebensjahr an nicht mehr zum Militär eingezogen,
ab dem sechzigsten nicht mehr in den Senat berufen.
Schwerer erwirken die Menschen von sich selbst den Ruhestand als vom Gesetz. Mittlerweile, während sie fortgerissen
werden und fortreißen, während einer des anderen Ruhe
stört, während sie im Wechsel unglücklich sind, bleibt ihr
Leben ohne Ertrag, ohne Freude, ohne irgendeine Form
von geistigem Fortschritt.

Niemand hat den Tod vor Augen, niemand macht sich keine
weitreichenden Hoffnungen; manche planen sogar für die

Zeit nach ihrem Tod: gewaltige Gebirge von Grabmälern, Stiftungen von Bauten für die Allgemeinheit, am Scheiterhaufen Gladiatorenkämpfe, ein aufwendiges Leichenbegängnis. Dabei sollte ihre Bestattung, da sie ja nur ganz kurze Zeit gelebt haben, wahrhaftig wie ein Kinderbegräbnis im Schein von Fackeln und Kerzen erfolgen.

DURS GRÜNBEIN

In eigener Sache

Luxus verdirbt den Stil, sagt Seneca.
Er mußte es wissen.
Ach, mein lieber Lucilius,

Sie verdrehen die Worte. Sie sprechen
In Rätseln und prahlen
Mit gesuchten Metaphern.

Stark muß die Rede sein. Der Gedanke
Hängt wirr in der Luft.
Mancher pflegt seine Fehler,

Die ihm Beifall verschafften im Volk.
Das Ordinäre gefällt,
Weil es Arme und Reiche versöhnt.

Machen ist – das tyrannische Verbum,
Das Modewort unserer Zeit.
Der größte Unsinn *macht* Sinn.

Alles ist sagbar geworden in Rom.
Der Mensch spricht wie er lebt –
Weiß ein griechisches Sprichwort.

Kein Wunder, bei soviel Verschwendung
Sehnt das Ohr sich nach Süßem,
Wird die Sprache lasziv.

III

DURS GRÜNBEIN

Im Namen der Extreme

1   Die Pulsadern aufgeschnitten, Schenkel und Kniekehlen triefend von Blut, den Magen mit Gift vollgepumpt, qualvoll im Dampfbad erstickend – dies war der Mann, der einst geschrieben hatte: »Ein kleiner Teil des Lebens ist's, in dem wir leben. Die restliche ganze Lebenszeit ist nicht Leben, sondern nur Zeit.« Potzblitz – oder *Beim Jupiter*, wie es seinerzeit hieß, wenig geblieben war ihm, als es zu Ende ging, von jenem kostbaren Leben. Ein Dasein in Sorgenfreiheit, unbeschwert und beschaulich – selten dürfte er seinem Ideal ferner gewesen sein als in der Todesstunde. Bedenkt man das Kernproblem seiner Philosophie, dann hatte er auf ganzer Linie versagt. Wie beschämend allein, daß nicht er selbst, ein freier Bürger Roms, eine allseits respektierte, prominente Persönlichkeit, den Zeitpunkt bestimmen durfte nach reiflicher Überlegung und in eigener Regie, sondern ausgerechnet Nero, sein ungezogener Zögling. Als Erzieher, kein Zweifel, hatte er gründlich versagt. Und diese kleinliche Hektik, die Ungeduld, mit der man ihn loswerden wollte. Erschüttert registriert man die dekadente Neugier, mit der ein verrückter Schüler die Unerschrockenheit seines alten Lehrers hier auf die Probe stellt. Es war, als hätte man gerade ihn, den betrogenen Pädagogen, demütigen wollen für allen großspurigen Stoizismus. Zerbrochen der Spiegel, den er dem zukünftigen Kaiser vorgehalten hatte in seiner Schrift *Über die Milde*, vergebens sein Appell: »... dich dir zu zeigen als einen Menschen, der zur größten Freude aller Menschen werden wird.«

Keine Frage, er hatte sich gründlich verrechnet. Er hatte sich gar zu weit aus dem Fenster gelehnt mit der Verachtung seiner emsigen Mitmenschen, ihrer ameisenhaften Geschäftigkeit. Hatte er nicht die ganze römische Gesellschaft in Bausch und Bogen verdammt? Von wegen *otium* – sein Zauberwort, das er den Vielbeschäftigten, den *occupati*, entgegenhielt. In Stein gemeißelt stand da, sobald man es aussprach, der reinste innere Frieden vor Augen, von Politik frei und Profitjägerei, ein Leben in ländlicher Muße. Und er hatte es oft und gern ausgesprochen. Seine Briefe an Freunde, Hunderte an der Zahl, in Wahrheit Traktate – Über die Seelenruhe, das Glückliche Leben, die Muße, über die Standhaftigkeit des Weisen –, sie waren voll davon. Kaum eine Rede, in der es nicht den rhetorischen Schlußpunkt bildete, so sicher wie das Amen dieser elenden Christen. *Otium*, das klang so verführerisch nach einem erholsamen Urlaub vom Staatsdienst, weit weg von Rom, der Höllenstadt. Ein Wort, das als Signal galt zum Durchatmen und Augenschließen – rief es doch die Erinnerung an jene langen, ungestörten Nachmittage herbei im Schatten des eigenen Olivenhains, die Stunden, zähflüssig und golden wie Honig, da man sich, dösend beim Lesen des Theophrast, eingestand: Langsam, Freund, wirst du alt. Es ließ sich so herrlich dabei von Epoden und Oden träumen, vom ziellosen Blättern in Gedicht-Anthologien. Es zauberte jene Stimmung herbei, elegisch und überglücklich, in der man, im Stillen an seiner eigenen Grabinschrift feilend, die Zeit vergaß. Doch seltsam: *otium*, das klang auch, wenn man nur länger hineinhorchte, nach dem Glaubensbekenntnis dieser Fanatiker. Das Mitleid mit ihrer Ohnmacht, vielleicht erwischte es ihn genau hier. Jetzt, da er ihm selber ausgeliefert war, dem obersten Christenverfolger, war es kaum mehr als das Echo des Credos ihrer verbotenen Religion. Der Kopf muß ihm gedröhnt haben auf seinem Landsitz draußen vor Rom, als es ihm in den Sinn kam. Es war das Lösungswort, das er selbst eines Tages vergessen hatte. In seinen drei auf- und absteigenden Silben war alles enthalten, was ihn als Philosophen bewegt hatte, ein Leben lang. Nun, da es zu Ende ging, trat ein anderer Dreiklang an seine Stelle, etwas wie *vanitas*. Darauf lief also, auf dieses schlichte Thema jedes drittklassigen Versleins, die ganze Irrfahrt hinaus. *Otium, vanitas...* hin und her schwang in seinem dröhnenden Schädel der Sirenengesang. Dort im Bewußtsein, das langsam schwand, in Umnachtung versank mit den letzten Atemzügen, höhnte es immerfort weiter: *vanitas, otium ... otium, vanitas.*

2 Halten wir fest, der Sterbende, von dem hier die Rede ist, hatte eine genaue Vorstellung vom Sinn des Lebens. Der zentrale Gedanke seiner Philosophie: das menschliche Dasein hat sich nur dann gelohnt, wenn es so viel als möglich dem Bücherlesen gewidmet war. Unsere Lebenszeit, kurz oder lang, läßt sich quantitativ durchaus strecken, in ihrer Qualität steigern, wenn es nur der Erkenntnissuche, dem Kunstgenuß dient. Selbstbestimmt hat nur der gelebt, der sich allzeit fernhielt von Plackerei und Geschäftigkeit. Keine Kompromisse, das Glück war nur in Privatsphären zu finden, fern vom Tretmühlendasein der meisten. Daraus folgte, ohne Wenn und Aber, das Paradox einer Ethik, die ihr Heil in der größtmöglichen Distanz zu den Mitmenschen sah. Eine Verhaltensnorm, die erstens radikal egoistisch war und zweitens auf Weltflucht hinauslief. Gesellschaftsferne war ihr oberstes Gebot, Abstinenz jeglicher Öffentlichkeit gegenüber. Die Faustregel lautet, nach einem Motto des Epikur: Lebe verborgen. Lebe so, daß du die Seilschaft der anderen, die Vetternwirtschaft zum Überleben nicht brauchst. Zieh dich, wo du auch gehst und stehst, in dich selbst zurück. Vergrab dich im eigenen Garten, hinter den Weinstöcken, bei den Bienenkörben. Überflüssig der Hinweis, daß solch ein

Leben ein gewisses Vermögen voraussetzte. Gute Vorsätze allein nützten da wenig. Ohne Grundbesitz blieben Maximen wie diese ein frommer Wunsch. Eine gediegene Schulbildung und etwas flüssiges Kapital seien das mindeste. Es brauchte den Sklaven, der dem lästigen Besucher draußen vorm Tor kundtat, man sei nicht zu sprechen. Wen wundert es, Seneca sprach für seinesgleichen. Man hört wohl die Predigt, doch flüstert Horaz einem ins andere Ohr: »Als so gesprochen Alfius, der Wucherer, / Im Geist ein halber Bauer schon, / Da trieb er all sein Geld um Monats Mitte ein, / Um es – am Ersten auszuleihn«. Des Wucherers Wunschtraum vom Landleben ist es, der hier jäh abstürzt in den Dreck der Satire. Natürlich zielt der Steckbrief des Dichters auf den blöden Emporkömmling, der philosophierende Feingeist war nicht gemeint. Aber Hand aufs Herz: das Problem, für das Senecas Lebenskunst Lösungen anbot, war den meisten seiner Römer kaum vom Hörensagen bekannt. Was hätte die Plebs auch mit seiner Ethik anfangen sollen? Sie kam bestenfalls für eine kleine, millionenschwere Elite in Betracht. Ihnen allein, den oberen Zehntausend im kaiserzeitlichen Rom, galt sein moralischer Wink. Sie sind gemeint, wenn er Paulinus, dem Freund, solidarisch zuraunt: »Trenne dich also von der Masse und zieh dich endlich in einen ruhigeren Hafen zurück!« Er wußte, wovon er sprach. Sie beide waren den Gefahren des Beamtenlebens ausgesetzt. Beide saßen sie in derselben Falle, Gefangene der augusteischen Marmorstadt Rom.

3   Immerhin, was das Großstadtleben betrifft, war ein zivilisationsmüder Römer abgebrühter als seine griechischen Vorbeter. Praktisch eingestellt wie die heutigen Ratgeberautoren, warnt er den Freund vor sämtlichen Arten der Ausschweifung, die nur kennen kann, wer sie selbst erlebt hat. Er

beschwört ihn, sich fernzuhalten von Sportveranstaltungen und Unterhaltungsshows. Er rät ihm von Zirkus und Gladiatorenkampf ab, von üppigen Tafelrunden und sexuellen Abenteuern. Zum Ausgleich empfiehlt er, als Medizin gegen alles und jedes – die Bücher. Einzig ein Leben, dem Studium der Denker und Dichter geweiht, ist es wert, gelebt zu werden. Alles andere endet früher oder später in Frustration, eine Rutschbahn in die schiere existentielle Leere. Nur wer mit ihnen, den Wortgewaltigen, spekuliert, hat seinen Betrag an Lebenszeit sicher und krisenfest angelegt. Meide die Zeitgenossen, Tagediebe und Parasiten die meisten: sie haben es einzig und allein auf dein privates Zeit-Guthaben abgesehen. Wirklich wohlhabend ist nur, wer sich tagaus tagein versenkt in die Schriften der großen Geister.

Der Gedanke, zugegeben, war nicht ganz neu. Oberflächlich betrachtet war er nicht mehr als der kleinste gemeinsame Nenner aller antiken Moralphilosophie. In puncto Ethik ein Minimalkonsens, mindestens unter Skeptikern, Peripatetikern, Epikuräern und Stoikern, inklusive ihrer sämtlichen Epigonen. Auf das Lesen der Klassiker als Sinngebung der ansonsten recht sinnlosen Existenz hätten sich alle schnell einigen können. Mit Ausnahme der Sophisten vielleicht, denen jedes Prinzip recht war für ihre albernen Wortspiele. Und natürlich der Kyniker, dieser Hippies unter den Denkern, die es vorzogen, triebhaft unbeschwert in den Tag hineinzuleben – fern jeder Bibliothek, versteht sich. Für alle anderen war Senecas Lehre Pflichtprogramm, die gewohnte Leier. Nur, wen störte das schon? Einer Epoche, die Traditionen wie Trophäen in einem Schwung mitnahm, galt Originalität mitnichten als oberstes Schreibgebot. Überlieferung war etwas, womit man eher großzügig umging. Bei aller Lust am Rechtsstreit, Plagiatsprozesse, wie sie heute gang und gäbe sind, wären seinerzeit auf allgemeines Unverständnis gestoßen. Philosophieren hieß Einsammeln und Weitergeben, was an Weisheit in der Luft lag. Wer wollte, mochte sich dabei auf Platon berufen, der das Denken als Anamnese verstand – als ein Abrufen von Bewußtseinsinhalten, deren bloßes Vorhandensein Fragen des Urheberrechts, der korrekten Quellenangabe, erübrigte. Nicht der geniale Einfall zählte, vielmehr die Trefferquote. Rhetorik hieß Schlagfertigkeit. Gefragt war der sichere Griff ins Archiv allgemeiner Ideen. Es war das goldene Zeitalter der Wiedererinnerung, sprich: des munter unbeschwerten Ideenklaus. Uralte Gewißheiten, zu Bonmots veredelt, als frische Einsichten zu verkaufen, darin bestand der belletristische Ehrgeiz. Wie sonst, fragt man sich, kommt ein erwachsener Römer dazu, dem Freund in der Pose des Ratgebers entgegenzutreten? Abgesehen von der Gelegenheit, ein paar Aphorismen beizusteuern, warum opfert einer seine kostbare Freizeit, um einen Essay zu schreiben zum Thema *Die Kürze des Lebens*?

So vielversprechend der Titel, für einen durchschnittlichen Römer aus besserem Hause weckte er vor allem Erinnerungen an quälende Schulstunden, an Übungen im Lateinaufsatz. Nehmen wir also an, dem Autor ging es zunächst einmal um Selbstbeschwichtigung. Er ahnte einfach, was ihm bevorstand. Wie wenig Zeit ihm bleiben würde, wenn es erst losging, für derlei Hymnen auf die *vita contemplativa*. Es ist der Jüngere, der hier dem Älteren ins Gewissen redet. Paulinus war, als Getreidepräfekt, ein vielbeschäftigter Mann. Sein Adressat hatte ihm einiges an Erfahrung voraus in puncto Selbstaufopferung für den Staat. Der andere Grund war wohl Senecas Hang zur Pädagogik. Lernen und lehren gingen seinerzeit, in den Kreisen der Lesekundigen, nahtlos ineinander über. Es galt, im Training zu bleiben, weit über die Schulzeit hinaus. Das Verfassen von Lehrbriefen war dafür die beste Übung. Seneca, soviel steht fest, war ein Profi in diesem Genre. Aus einer Vielzahl von Abhandlungen und Reden, mehreren Tragödien und Gedichten (letztere gingen leider bis auf ein paar Epigramme verloren), ragt als einsamer Corpus eine Sammlung von Briefen heraus, die sogenannten *Epistulae morales*. Ihr Empfänger war ein gewisser Lucilius. In der gleichen Manier wie diese, nur ein Jahrzehnt früher, ist auch die vorliegende Abhandlung komponiert. Manier insofern: der Leser soll merken, es handelt sich hier um ein altehrwürdiges Verfahren. Seine Argumentationskraft erwächst aus der Ahnenreihe all derer, die es sich vor ihm zunutze gemacht hatten.

4 Die Biographen zeichnen Seneca gern als einen Menschen, der hin- und hergerissen war zwischen seinen Neigungen und Talenten. Einer, der alles in einer Person war – Philosoph, Politiker, Poet und Patron einer riesigen Schar von Sklaven und Klienten. Das mag so sein, doch steht dem heutigen Leser einzig der Schriftsteller noch zur Verfügung. Der aber tat haargenau das, was seine Berufskollegen so tun, seit es Literatur überhaupt gibt. Er tauschte die Masken und die Metaphern. Er schlüpfte als Sprecher gekonnt in die unterschiedlichsten Rollen und wechselte die Standorte wie die Sandalen. Kurz, er legte sich einen eigenen Stil zu. Und nichts hilft den Eigensinn besser entwickeln als Formzwang. Je strenger die Regeln, um so heftiger das Verlangen, unverwechselbar zu werden. Was der Privatmann macht, ist das eine. Mag er sich einsilbig geben, reserviert, um so besser. Hauptsache, der Autor schlägt tüchtig sein Pfauenrad auf. Er pointiert, wo es keiner erwartet, er perfektioniert die Effekte, er bleibt immerfort in Bewegung zwischen den Extremen seines Diskurses. Seneca liebte die Überspitzung, den Moment, wenn der Mund offensteht vor Überraschung.

Rhetorische Asse gab es viele zu seiner Zeit, aber kaum
einen Expressionisten wie ihn. Was ihn heraushebt aus der
Masse der Schönredner, war weniger handwerkliches Ge-
schick, es war seine Schauspieltechnik. Der Trick bestand
darin, sich selbst, dieses Bündel von Widersprüchen, aufzu-
spalten in das Ensemble eines imaginären Dramas mit dem
Titel *Seneca*. Der Name stand für das Repertoire. Mitten
in der Tragödie wechselt er plötzlich das Register, und der
Chor schaltet um auf den Tonfall philosophischer Medita-
tion. Unerwartet unterbricht da ein Vers das gleichförmige
Murmeln der Essayprosa. Und eine Satire zeigt, wie eng bei-
einander Noblesse und Bosheit wohnen, Wortwitz und töd-
licher Ernst. Alles hat Platz in ein und demselben Menschen.
Oder ein Brief, die intimste literarische Ausdrucksform:
nach wenigen Zeilen entpuppt er sich als ein Stück Moral-
belletristik. Im Plauderton trägt ein Freund dem anderen
Grundsätze vor, die jeder halbwegs gebildete Römer aus
dem Lateinunterricht kannte. Was zählt, ist allein die Cho-
reographie. Der Text wird, nach einem spätgriechischen
Erfolgsrezept, als Diatribe inszeniert. Der fiktive Einwand,
das entlegene Zitat, das historische Exempel: ihr raffiniertes
Wechselspiel bürgt für den Unterhaltungswert. Der Autor
referiert nur, er gibt zu bedenken und hält sich bedeckt. Daß
hier ein Dichter spricht, zeigt die Begabung zur Weitsicht,
die jeden Mangel an Erfahrung wettmacht. Väterlich mahnt
er den Brieffreund: »Trenne dich also von der Masse, aller-
liebster Paulinus. Der größere Teil deines Lebens und gewiß
der bessere war der Politik gewidmet. Etwas von deiner Zeit
nimm auch für dich!«
Seneca hatte gut reden. Noch im selben Jahr, da diese Zeilen
entstanden, trat er eine Stelle als Privatlehrer bei Hof an.
Wie es scheint, hat man ihn nicht lang bitten müssen. Er tat
es aus Dankbarkeit für Kaiserin Agrippina. Dafür, daß sie in

der Zeit des Exils zu ihm gehalten hatte, als in Rom kein Hahn mehr nach ihm krähte. Ihr Wunsch war ihm Befehl. Und Loyalität war eine Tugend, die bei ihm ziemlich weit oben rangierte, auch wenn der Brief sie kein einziges Mal erwähnt. Sein Verfasser jedenfalls tat nun genau das, wovor er den Freund so überzeugend gewarnt hatte. Er verschenkte sein Leben an andere. Er gab seine Seelenruhe hin, sein geliebtes *otium*. Er, der eben noch Weltflucht gepredigt hatte, jetzt saß er selbst in der Höhle mit sämtlichen Löwen. Natürlich fing alles ganz zwanglos an, mit eigenen Gemächern, gepflegten Audienzen, Sonderurlaub und reichlich verbleibender Studienzeit. Privatsphäre hin oder her, der Vorteil am Stoizismus war seine Anpassungsfähigkeit. Böse Zungen behaupten: die Dehnbarkeit seiner Begriffe. Erlaubt war, was der Natur gefiel. Unter einer Bedingung: daß Ratio den Schiedsrichter gab. Übersetzt man Ratio mit gesundem Menschenverstand, eröffnet sich mancher Spielraum. Beides war sinnvoll nach stoischer Lehre, Rückzug in den Elfenbeinturm oder Dienst fürs Gemeinwohl, beides war gleich legitim. Seneca hatte sich für das zweite entschieden. Und warum nicht? Galt es doch vorerst nur, dem künftigen Cäsar das Alphabet beizubringen, und nebenbei auch Manieren. Man kann sich gut ausmalen, wie er seinem Schützling im Unterricht aus der jüngsten Abhandlung vorlas. Einer wie Paulinus, ergraut im Staatsdienst, war sicher ein dankbarer Zuhörer. Doch was war das schon, verglichen mit einem zwölfjährigen Knaben? Noch dazu einem Kronprinz und Musensohn, der ihn anhimmelte und überdies bald schon die Welt beherrschen würde?

5 Jesus Christus war keine fünfzig Jahre tot, als der vorliegende Essay entstand. Von einer wachsenden Schar Unbelehrbarer wurde er *Der Erlöser* genannt. Was hätte der Mann, aus dessen Mund die Bergpredigt kam, wohl gesagt zu den Thesen, die hier geschmiedet werden? *Die Kürze des Lebens*, das hört sich an wie eine Warnung an alle und keinen. Apodiktisch heißt es da: »Ein kleiner Teil des Lebens ist's, in dem wir leben. Die restliche ganze Lebenszeit ist nicht Leben, sondern nur Zeit.« Vertrauenheischend beruft der Verfasser sich auf die intimste Verlustangst in jedem Menschen: »Niemand findet sich, der sein Geld verteilen möchte – doch sein Leben, an wie viele verteilt das ein jeder!« Und fügt sarkastisch hinzu: »Du hast also keinen Grund, von jemand wegen seiner grauen Haare oder Runzeln anzunehmen, er habe lange gelebt. Nicht lange gelebt hat er, sondern er war lange vorhanden.« Doch kaum sind alle die Übel aufgezählt, winkt dem Einsichtigen die Erlösung: »Ganz allein die haben Muße, die ihre Zeit der Philosophie widmen. Sie allein leben.«

Seltsam nur, einem Christenohr müssen diese Sätze die reinste Musik gewesen sein. Die Melodie klang vertraut. Erinnerte sie nicht an gewisse Stellen im Matthäus-Evangelium? »Geht durch das enge Tor!« heißt es dort. »Denn das Tor ist weit, das ins Verderben führt, und der Weg dahin ist breit, und viele gehen auf ihm. Aber das Tor, das zum Leben führt, ist eng, und der Weg dahin ist schmal, und nur wenige finden ihn.« So grundverschieden die Lösung des Problems, so hinreißend harmonisch die Intonation. Oder vielmehr, da beide den Regeln antiker Rhetorik gehorchten: so auffallend ähnlich die Strukturen ihrer Argumentation.

Da sucht einer Abstand von allem menschlichen Treiben. Er richtet sich auf, schaut in die Runde und fragt sich: Wie wird man sein eigener Herr? Durch Isolation, Selbstbesinnung in Muße, behauptet der eine. Durch Demut, Barmherzigkeit, Mitgefühl, meint der andere. Machtgeschützt, sucht sich jener, der Majorität überdrüssig, den Mittelpunkt in der eigenen Seele. Der andere, ewiger Jude, doch in der Minderheit hochmotiviert, hat ihn längst außer sich, in der Menschheit draußen, gefunden. Dieser baut, Gott vertrauend, auf seinen Nächsten. Jener, Misanthrop von der Glatze bis zur Sandale, rechnet mit niemandem als sich selbst. Gott oder Mammon, lautet der Wahlspruch des einen, von Geburt an besitzlos. Ich oder sie – die unbelehrbare Masse, der des anderen, der demnächst Roms zweitreichster Mann sein wird. Und so verlockend es ist, Parallelen zu ziehen, spätestens hier gehen sie auseinander. Jeder weitere Vergleich wäre reiner Zynismus. Auch wenn zweitausend Jahre, flüchtig betrachtet, jener Unendlichkeit ähneln, in der Parallelen bekanntlich sich schneiden. Das Peinliche ist nur: Senecas Logik leuchtet uns Heutigen ohne weiteres ein. Der Optimismus der Bergpredigt dagegen klingt ziemlich weltfremd in unseren Ohren. Die Vision des Messias kann warten, so ist es doch? Ein Sermon wie der *Von der Kürze des Lebens* ist immer noch aktuell. Christ oder Heide, wer in einer Massengesellschaft lebt, weiß, wovon da die Rede ist. Ab einer gewissen Bevölkerungsdichte geht man einfach leichter mit den Bedenken eines Großstädters konform als mit den wunderlichen Appellen eines bedauernswerten Aussteigers. Der Irrtum liegt in der Blickrichtung. Den Parallelen ist es egal, wo und wann sie sich schneiden. In ferner Zukunft oder in längst vergangener biblischer Ferne. Eines ist sicher: sie laufen durch jedes einzelne Menschenherz, und das wohl nicht erst seit der Antike. Hieß es nicht schon in den Psalmen, lange vor Seneca *und* Jesus Christus: »Herr, tu mir mein Ende kund und die Zahl meiner Tage! / Laß mich erkennen, wie sehr ich vergänglich bin!«

6 Wer also war dieser seltsame Seneca? Dutzende Biographen haben sich an seinem Charakterbild abgemüht. Kaum ein anderes Klassikerleben ist so facettenreich ausgeleuchtet, so anekdotensatt nachgezeichnet worden wie seines. Die Crux ist nur: bei näherem Hinsehen zerfallen all die Porträts in lauter Scherben. Tragödiendichter? Nun gut, das Tragödienschreiben war ein Gesellschaftsspiel, auch Nero hat sich darin versucht. Philosoph? Allerdings, mit dem Scharfsinn des Autodidakten, der seine Bibliothek zu benutzen wußte. Fürstenerzieher? Freilich, in einem Anflug von Größenwahn schien ihm das Imperium durch Gelehrsamkeit reformierbar. Einflußreicher Politiker? Wie merkwürdig nur: ein Mann mit seinen Ambitionen, durch und durch Literat, darauf angewiesen, im Stillen zu schaffen, was taugte der schon für die auf stete Wachsamkeit angewiesenen Machtspielchen? So viele Rollen, zu viele für einen einzigen Menschen. Es brauchte einen zweiten Lukian, einen antiken Kubisten wie diesen, um all die Widersprüche im Leben dieses Mannes in einem Puzzlebild zu vereinigen. Widersprüche, wohin man blickt, ein Fragezeichen die ganze Person. Dem Hermeneutiker bleiben, beim Wieder- und Wiederlesen, nur Texte, die mehrdeutig schillern. Und selbst der Laie staunt. Selten ist ein Mensch so janusköpfig gewesen wie dieser eine.

Was Wunder, wenn selbst die Plastiken, die uns sein Äußeres überliefern, gleich mehrere Varianten liefern für unseren vielseitigen Römer. Da gibt es den korpulenten Aristokraten, einen wohlgenährten römischen Intellektuellen, wie eine Doppelherme ihn zeigt. Einer ikonographischen Mode der Zeit gehorchend, ist sein Glatzkopf rücklings verschmolzen mit dem des Sokrates, Vielfraß und Superhirn wie er selbst. Und es gibt ihr genaues Gegenstück, jene Marmorbüste in Florenz, die einen Hungerleider darstellt, einen ausgemergelten Greis mit verfilztem Bart, dem das wirre Haar in die Stirn fällt. Woran soll man sich halten? In den Seneca-Ausgaben taucht bald dieser, bald jener auf, das Werk hält für jede der Deutungen Indizien bereit. Verwirrend die Vielfalt der Gattungen, in denen er sich dem Leser bis heute darbietet: Drama, Satire, Hofbericht, Lehrbrief, philosophischer Kommentar, von allem ist reichlich vorhanden. Die Phantasie findet überall Anhaltspunkte, nur keine schlüssige Antwort für dieses leibhaftige Rätsel Mensch. In jüngster Zeit sprachen Psychiater gern von der multiplen Persönlichkeit, einer Theorie zufolge, die schnell als fragwürdig galt und die Wissenschaftsspalten der Zeitungen beschäftigte bis zu ihrer vorläufigen Widerlegung. Also auch hier wenig Aufklärung in Sicht. Es hilft nichts, der Leser muß, wohl oder übel, selber entscheiden, wie er das Puzzle zusammensetzt zum Porträt.

Wer also war dieser Vielgesichtige, Vielschichtige, Vielbegabte, Roms fleischgewordene Version des sagenhaften Proteus? Er war, darin sind sich die Chroniken einig, einer von denen, die ihre Zeitgenossen turmhoch überragten. Er nahm jenen Typus vorweg, den die Historiker mit Blick auf gewisse Leitfiguren, die Jahrhunderte später aus dem finstersten Mittelalter auftauchten, Renaissancemenschen nannten. Aus solchem Holz waren Leute wie Shakespeare, Montaigne oder Rubens geschnitzt. Senecas phänomenale Wiedergeburt in ihrer stürmischen Zeit zeugt von Wahlverwandtschaft, was sonst. Ihnen, den Pionieren des alten Europa, galt er als Mentor – der Name verstanden in seinem vollen mythischen Klang. Nicht der Hauslehrer Neros, gemeint war der Übervater des großen Odysseus. Den Geistesriesen der Renaissance erschien Seneca als einer der ihren. Rubens zum Beispiel hatte dem Denker in seinem Antwerpener Privathaus eine Nische im Pantheon reserviert. Nicht umsonst stand er, neben Platon und Aristoteles, als Wächter am Eingangstor mit der Inschrift *Artes liberales*. Was ihn zum Schutzpatron der Sieben freien Künste prädestinierte, war eben die

Vielseitigkeit seiner Interessen. Dem Bildungsbürgertum blieb er als Prediger der Selbstdisziplin in Erinnerung. Dem Pennäler im Gymnasium war, dank Rohrstock und Zwang zum Auswendiglernen, sein Name bis gestern vertraut.

Er selbst sah sich vor allem als Schüler der Stoa. Was nicht ohne Brisanz war: Stoizismus war bei Hof eher ein schlechter Leumund. Die Lehre der Stoiker galt in Regierungskreisen als staatsgefährdend. Begreiflicherweise, denn eine Ideologie, die den Gleichmut über alles erhob, konnte ihre Anhänger leicht in Loyalitätskonflikte stürzen. Nicht des einzelnen Seelenheil, patriotische Hingabe war des Beamten Pflicht. Leuten, die ihre Affekte beherrschten und arrogant in sich ruhten, war schwerlich zu trauen. Nero in seinem Verfolgungswahn wußte genau, was er tat, als er den Lehrer auf die Probe stellte. Tacitus überliefert die Szene, wie Seneca als alter Mann um eine Audienz beim Kaiser bittet und ihn anfleht, auf seine Reichtümer verzichten zu dürfen und in den Ruhestand entlassen zu werden, was dieser ihm prompt verweigert. Nicht ohne Hinterlist, wie der Annalenschreiber boshaft vermerkt. Denn der tückische Zögling, die Ausgeburt seiner eignen gescheiterten Pädagogik, erwidert ihm hierauf sehr kühl: »Nicht deine Mäßigung, wenn du dein Vermögen zurückgibst, noch dein Wunsch nach Ruhe, wenn du den Princeps verläßt, sondern meine Habsucht, deine Furcht vor meiner Grausamkeit werden in aller Munde sein. Wenn man also auch deinen Verzicht rühmen wird, so ist es doch wohl für einen Weisen nicht ehrenvoll, mit einer Tat, durch die er seinen Freund in üblen Ruf bringt, sich selbst Ruhm zu verschaffen.«

Seinen Freund? Nun, es schmerzt zwar, doch auch das mußte unser Chamäleon sich irgendwann sagen lassen. Ein Freund der Mächtigen ist er gewesen, und alle Nachwelt weiß davon. Ataraxie hin oder her, unvergessen bleibt, daß

Seneca ein williges Mitglied war in jenem Club von Halb-
göttern, die in Rom das Schicksal der Massen bestimm-
ten. Seine Karriere, trotz mancher Hindernisse und Brüche,
spricht Bände von seinem ausgewachsenen Instinkt als Politiker. Er beginnt sie wie seinerzeit üblich als Redner, sammelt früh als Rechtsanwalt Erfahrungen und wird bald darauf schon Quästor und wenig später Senator. Mit Claudius'
Inthronisation unterbricht eine Hofintrige den sicheren
Aufstieg. Für sieben Jahre landet er auf Korsika in der Ver-
bannung. Doch dann kommt seine zweite Chance, und die
heißt Agrippina. Neros Mutter, die willensstarke und letzte
Gemahlin des Claudius Cäsar, der, vom Regieren entnervt,
müde des Abschaums namens *populus romanus*, den Schwach-
kopf mimt, wird seine Gönnerin. Als Kaiserin, der die Zukunft gehört, holt sie den Eremiten wider Willen zurück
nach Rom. Von nun an geht es steil bergauf mit unserem
Bücherwurm, der angeblich nur eines will, seinen inneren
Frieden, ein Dasein, frei von Ämtern und Würden. In
Agrippinas Spielplan aber gibt es für ihn nur eine Besetzung:
die einer Vorbildfigur für Nero, ihres Ein-und-Alles, den
Prinzen, der als Thronfolger zum Rächer ihres verpfuschten
Lebens werden soll. Senecas Job ist es, den schwierigen Jungen fit zu machen für seine historische Mission. Er ist das
ideale Werkzeug dafür, Lehrmeister, Trainer, Seelenführer,
Praeceptor Romae – alles in einer Person. Den Augustus von
morgen, er soll ihn zu einem blitzenden Diamanten zurecht-
schleifen. Gewiß doch, noch bleibt ihm nach Dienstschluß
genügend Freizeit, die er dazu benutzt, Verse zu schmieden,
gehässige Satiren. Mit ihnen schreibt er sich ein in die Herzen der zukünftigen Herrscher. Natürlich schafft er so, ganz
nebenbei, den Sprung zum Prätor, ein Status immerhin, der
ihn zur Laufbahn eines Heerführers prädestiniert hätte, zum
Amt eines Provinzstatthalters, wie dieser Pontius Pilatus ei-

ner war. Er war nunmehr einer aus der exklusiven Runde von zwölf bis achtzehn Männern, die in der *Toga praetexta* herumspazieren durften. Ihre Vollmacht entsprach ungefähr der eines Obersten Richters heute am Bundesverfassungsgericht. Er hätte jetzt Gouverneur spielen können in einer der Provinzen des Imperiums oder Obermagistrat in der Stadtverwaltung. Daß er es vorzog, statt dessen lieber im verborgenen zu operieren, den Augen der Öffentlichkeit entzogen, in den geheimnisumwitterten Gemächern des Kaiserpalastes, besagt wenig in puncto Machtverzicht. Wie es aussieht, hat er sich pudelwohl gefühlt inmitten des Wirbelsturms. Von seinen Beschwerden im Machtzentrum des Römischen Reiches sind uns nur seine philosophischen Kopfschmerzen überliefert. Von stoischer Zurückhaltung, sozialer Askese ist wenig zu spüren. Man tut gut daran, *Die Kürze des Lebens* als eine Art Beichte zu lesen, als ein entlastendes Dokument für den Verfasser selbst und sein gespaltenes Ich.

7 Spätestens jetzt, denke ich, sind ein paar Erklärungen fällig über den saloppen Kommentator. Es macht sich nicht gut, wenn man, zumal aus sicherer Deckung, so mir nichts dir nichts ein längst verflossenes Leben rezensiert. Zweitausend Jahre Geschichte sind ein allzu weitläufiges Versteck für lose Zungen, und nicht jede gehört einem Plutarch. Außerdem, auf einer Marmorbüste herumzuhacken ist keine Kunst. Weitaus schwieriger ist es, der Maserung ihrer Oberflächen zu folgen, die vieles bedeuten kann: das verzweigte Geäder auf einer Schläfe, einen Bluterguß unter dem kantigen Kinn. Angenommen, der Text, von dem hier die Rede ist, gleicht tatsächlich dem Marmor, jenem harten Kalkstein, der zu Senecas Zeiten der Mehrzahl von Architekten und Bildhauern als Material zur Verfügung stand: Muß nicht ein jeder sich dann die Zähne daran ausbeißen? Mit lateinischer

Prosa ergeht es einem wie mit den Skulpturen in einer Glyptothek. Verstohlen sucht man, sofern es nicht kopflose Torsi sind, den Blickkontakt mit diesen farblosen Augäpfeln, und denkt sich Pupille und Iris dazu. Alles je Fleischgewordene scheint verschluckt von dieser hellen, ausdrucksneutralen Materie. Ihr Aggregatzustand stößt den Museumsbesucher zurück, kaum daß er heimlich die kühlen Flächen berührt. Und wie der Stein läßt auch die Sprache ihm, das Lateinische, mit seiner hammerharten Grammatik, wenig Spielraum. Aus jeder Wendung der Syntax hört man die Disziplin heraus, die finale Bedeutung. Alles scheint für die Ewigkeit formuliert, in straffer Diktion, konzipiert für das Ohr des befehlsgewohnten Soldaten. Anders als das Griechische, das so überaus mitteilsam ist, gelenkig und dialektisch, wirkt das Lateinische merkwürdig steif. Eine Sprache, wie geschaffen für Grabinschriften, Inbegriff dessen, was man seither unter einer toten Sprache versteht. Definitionskraft, nicht Dialogvermögen, ist ihr linguistisches Markenzeichen, das den romanischen Sprachen bis heute tief eingeprägt ist. Theologie, Mathematik, Chemie und Physik: hier, in den ewigen Jagdgründen der Abstraktion, hat sie posthum sich eingerichtet seit ihrem Niedergang als Mittel der Kommunikation. Fern von allem, was da je lebt, stottert, begehrlich zuckt, fängt ihr Reich an, ein Jenseits der Logik, in dem man um Kategorien ringt, um Widerspruchsfreiheit, Identität oder einfach nur semantische Dominanz. Dutzende Sprachen sind jährlich vom Aussterben bedroht. Sie verschwinden, so wie bestimmte Tierarten eingehen. Doch ist da eine, die hat jede Völkerwanderung überdauert, jede Schulreform, jeden Religionskrieg und noch den letzten Computerabsturz des Philologen, der zu verzweifeln droht an den Fußnoten seiner Dissertation. Latein steckt, ganz gleich, was der einzelne Kehlkopf davon spürt, als Knochengerüst in den meisten der europäischen Sprachen, während das Griechische sie wie eine zweite Haut überzieht. Was uns, wie lose auch immer, mit den Autoren der Antike verbindet, sind die Sprachwirbel, die etymologischen Gelenke und Knöchel. Was uns aneinanderkettet – Lucius Annaeus Seneca und einen Zufallsleser wie mich –, ist unser gemeinsames Skelett.

Mit anderen Worten, ich stecke in derselben Falle wie er. Und das nicht etwa deshalb nur, weil die Begriffe, in die sein Kopf einst verstrickt war, auch mich längst im Griff haben. Nein, weitaus schlimmer noch: weil ich mit den Idealen, die sein Latein mir eintrichtert, auch die Inkonsequenz schlucken muß, die aus ihrer Nichterfüllbarkeit resultiert. Ich weiß sehr wohl, wozu gewisse lexikalische Rückgratwirbel und Schulterknochen uns anhalten, und muß doch einsehen lernen, wie wenig wir ihrer Bedeutung entsprechen können, als gliederlahme, allzu leicht beugsame Wesen. Am Ende ist keiner von uns dem Marmor gewachsen. Anorganisch, hirnlos und zeitresistent – keines der Attribute dieses Baumaterials trifft auf uns zu. Das gleiche gilt für die Sprache, die ihm so sehr gewachsen war wie keine seither. Eine Sprache, von Postulaten strotzend, alles andere als porös. Eine Sprache, die ihren Sprechern von Anfang an überlegen war. Der nichts und niemand genügen kann – weder Seneca, dieser Prototyp des zerrissenen Philosophen, eine brüchige Plastik aus Politik und Passion, geschweige denn ich, sein spätgeborener, an Kunststoffe und Chemiefasern gwöhnter, verweichlichter Leser.

8 Das fängt schon damit an, daß ich an Seneca geriet wie der schmökernde Knabe an Winnetou und Old Shatterhand. Wenn ich es recht bedenke, ist der Grund, weshalb ich hier über Seneca schreibe, ein simpler Jugendirrtum. Kein

sonderlich solides Fundament, aber typisch für meine Generation. Von ihr gilt bis auf weiteres, daß sie aus einer Mischung aus Halbbildung, naiver Assoziationslust und mancherlei neoromantischen Phantasien besteht. Vieles ist ihr auf Abwegen zugeflogen, ihre verwöhnten Schläfen streifend, flüchtig aufgegriffen als exotisches Fundstück. So kam die Metapher aufs T-Shirt, das falsche Nietzsche-Zitat ins Notizbuch, die chinesische Weisheit als blaues Tattoo auf den Oberarm. Und genauso kam auch der Name, irgendein Name, in ihr Gedächtnis, eine Gerümpelkammer, die ansonsten reserviert war für Werbesprüche, Automarken, die Gitarrensoli und Liedtexte ihrer Lieblingsrockbands. Dies ist die traurige Basis, tut mir leid, so idiotisch, absurd, epochenbedingt, arbiträr war die Fährte, die mich als Vierzehnjährigen auf Seneca brachte. Zumindest ist Fährte das passende Wort. Wieso? Um es kurz zu machen: den Namen hat nicht das bißchen Lateinunterricht später – anderthalb Jahre nur, wie gesagt, längst vergessen – mir eingeflüstert, sondern ein Buch, das mein ein und alles war damals, lange bevor das Vokabelnbüffeln begann. Es ging darin um Indianer, soviel weiß ich noch. Sein sonstiger Inhalt, tief in mich eingesikkert, wenngleich kaum noch verfügbar, unterliegt weniger einer Verdrängung á la Freud als vielmehr kindlicher Diskretion. Es war das Werk eines Ethnologen, und es handelte von den diversen Indianerstämmen Nordamerikas, die allesamt ausgestorben waren wie die oben erwähnten Tierarten und Sprachen. Reichlich bebildert, erzählte es von der romantischsten Lebensform, die sich überhaupt denken ließ. Zumindest für einen wie mich, geboren in Dresden, also in nächster Nachbarschaft zum Wigwam eines gewissen Karl May.

Es ging um den stolzen Volksstamm der Irokesen, jener Krieger mit dem feuerroten Haarkamm der Londoner

Punks. In ihrem Zusammenhang tauchte zum ersten Mal der Name Seneca auf. Ich habe mich lange gefragt, war es die Bezeichnung für einen ganzen Clan oder hieß nur einer der Häuptlinge so? Ich könnte es mir leichtmachen und die Verwirrung auf ein Porträt schieben, das in besagtem Buch abgebildet war. Es zeigte einen Mann, der einen Turban trug und in der Hand ein Pfeifchen hielt, ein Anblick, der mich damals ziemlich enttäuschte. So sah ein Türke aus, irgendein Orientale, aber bestimmt kein Indianer. Etwas dröge Ziviles, Unkriegerisches ging von ihm aus. Er kam mir eher wie ein Schriftgelehrter vor, vielleicht der Chronist seines Stammes. Es war mein Großvater, der mir erklärte, was es mit dem Exoten auf sich hatte. Er war ein Mann, der in der kurzen Rentnerzeit, die ihm sein Lungenkrebs ließ, Kreuzworträtsel entwarf, im Auftrag der größten Tageszeitung Thüringens, die er, selbst wenig linientreu, verächtlich *Das Parteiblatt* nannte. Seine Antwort kam wie aus der Pistole geschossen. Römischer Philosoph mit sechs Buchstaben? – Seneca. 4 vor der Zeitrechnung bis 65 nach. Stoiker, Tragödiendichter, Lehrer des Kaisers Nero, von diesem zum Freitod gezwungen. Soweit die offizielle Variante. Und doch blieb ich jahrelang skeptisch. Die echte Fährte, unauslöschlich, war jene Spur in die Indianerkultur. Der Name Seneca führte mich Rothaut-Fan damals mitten hinein in die Zauberwelt der Karl-May-Romane und Lederstrumpfgeschichten Fenimore Coopers. Sie zu verleugnen, nur weil irgendein Brockhaus-Lexikon mir diesen Marmorkerl präsentierte, kam nicht in Frage. Von wegen Römisches Reich: dazu fiel mir allerhöchstens ein Kinoplakat ein. Im selben Atemzug assoziierte ich die Stichworte Untergang und Sophia Loren. Und apropos Nero: war das nicht jener Verrückte, der Rom in Brand gesteckt hatte und seine Zündelei nachher den armen Christen in die Schuhe schob? Und von wegen Philosophie: was war das schon gegen die Heldentaten des Roten Mannes? Eine halbe Kindheit lang gab es nichts Wichtigeres für mich und meine Spielkameraden als die Sagenwelt der Indianer, die wir aus Büchern und Filmen genauestens kannten. Nur das Pfeifchen sorgte fortan für Irritation. Ein Amulett wäre mir lieber gewesen. Meinetwegen auch ein Wampum, wie die Algonkin ihn trugen. Dabei wußte ich ja, daß die meisten Indianer eine Schwäche hatten für Glasperlen und Talmi aller Art. War der Name Seneca womöglich auch so ein tückisches Geschenk von seiten des weißen Mannes? Mittlerweile weiß ich: es war der Stamm, der so hieß, nicht der Häuptling, der wie ein Araber aussah, wie Kara Ben Nemsi oder Hadschi Halef Omar. Wenn er doch wenigstens einen Tomahawk im Arm gehabt hätte.

9 Manche Assoziationen sind wie die Jugendsünden. Man vergißt sie besser, sie führen zu nichts. Sie künden allenfalls von den Abwegen, auf denen man sich als Kind und im Laufe der Pubertät beinahe verlor. Je abstruser sie sind, um so heftiger der Reflex, sie ein für allemal abzuschütteln, wenn man nur wüßte, wie. Denn das Schlimme an ihnen ist die Beharrlichkeit, mit der sie regelmäßig wiederkehren, oft im unmöglichsten Augenblick. Da hat man die Schule hinter sich gebracht, hat dies und jenes studiert, eine Weile im Ausland gelebt, hat geheiratet, eine Familie gegründet, und zack, kreuzen sie wieder auf. Was einen so wurmt, ist die Penetranz, mit der sie ganze Lebensabschnitte einfach überspringen, ihr Zeitraffereffekt. Schrecklich, nicht wahr? Er zeugt, wenn man es sich genau überlegt – von der Kürze des Lebens. Goethe hatte gut reden: »Es ist der Geist, der die Jugend altert und das Alter verjüngt.« Tu, was du willst, manche Zwangsvorstellungen wirst du dein Leben lang niemals los. Immerfort zappelt man in den Laufmaschen trüber

Gedankenketten. Psychologie hat, wie für so manche verborgene Peinlichkeit, auch für diese das Stichwort geliefert. Man spricht von *Perseveration*. Gemeint ist das krankhafte Beharren auf ein und demselben Gedanken. Anders gesagt, ein Schluckauf im Hirn.

Auch wenn es so aussieht, der Autor hat keineswegs den Faden verloren. Die Rede ist immer noch von Seneca. Besser gesagt, von den irrigen Echos und wirren Illustrationen, die der Name in seinem Schädel erzeugt. Peinlich, aber wahr: ad hoc sehe ich noch immer den Häuptling mit Kriegsbemalung und auf den zweiten Blick erst den römischen Aristokraten in seiner Toga. Unretuschierbar das Vexierbild, aus dem sie abwechselnd hervortreten, Römer und Rothaut. Die Irritation wird komplett, wenn ich mir den kleinen Jungen in Erinnerung rufe. Die Knie zerkratzt, hockt er im Kirschbaum, einen Federstutz auf dem Kopf, andächtig vor sich hin murmelnd: *Seneca, Seneca.*

10 Und dann dieses schmähliche Ende. Tacitus überliefert das Desaster bis ins kleinste Detail. Man hat den Eindruck, der Annalenschreiber sei dabeigewesen, so genau weiß er Bescheid. Andererseits brauchte er vermutlich nur zu zitieren, es gab genügend Augenzeugenberichte. Sklaven und Schreiber, die ganze Dienerschaft war zugegen, inklusive der treuen Ehegattin Paulina. Sokrates hatte es ihm vorgemacht. Philosoph sein, war eins; als solcher zur Legende zu werden, etwas ganz anderes. Im Gedächtnis der Menschheit überlebte nur, wer vor versammeltem Publikum abtrat. Das einzige, worauf der Hinscheidende achten mußte – daß ihm die Redegabe bis zum letzten der Atemzüge erhalten blieb. Und daß sie alle an seinen Lippen hingen, die treuesten der Getreuen. Was Seneca anging, seine Eloquenz hinsichtlich letzter Worte, so war er nie in Verlegenheit. Das Genre hieß *meditatio mortis* – Zurüstung zum Tode, und in diesem Rollenfach war er unschlagbar. So gesehen, waren sämtliche seiner Schriften – mit Ausnahme der Dramen vielleicht, allesamt Vorstudien für den einen Schlußmonolog. Wenn sie aus heutiger Sicht einigermaßen monoton wirken, dann deshalb, weil ihre Botschaft selten variierte. Die einschläfernde Wirkung verdankt sich der immer gleichen Lektion. Und die lautet: denk daran, Sterblicher, dir bleibt nicht viel Zeit. Gut möglich, daß Seneca sich selbst zitiert hat in diesen letzten Minuten. »Niemand gibt dir deine Jahre zurück, niemand bringt dich wieder zu dir selber. Dein Leben eilt dahin, wie es begonnen hat.« Was aber, wenn er statt dessen an eine unbezahlte Rechnung gedacht hat, an ein Manuskript, noch unkorrigiert, einen kompromittierenden Brief, von dem die Nachwelt nichts wissen durfte? Vielleicht kam ihm irgendeine Nichtigkeit in den Sinn, gepaart mit den wildesten Assoziationen. »Sieh nur, auch über die Römer ist das närrische Bedürfnis gekommen, Unnötiges zu erlernen.« Informationsmüll wie der: »... daß Pompeius als erster im Circus einen Kampf mit achtzehn Elefanten veranstaltete; daß Sulla als letzter Römer die heilige Stadtgrenze verschoben habe.« Sicher ist, daß auch er verstrickt war in sein ganz eigenes Gedankennetz. Immerhin, als Philosoph hat er versucht, etwas Ordnung hineinzubringen in das private Gewebe. Einige der Knoten, zumindest die dickeren, sind uns durchaus bekannt. Wie es scheint, war darunter kein einziger von der Art jenes Gordischen. Oder Seneca war einfach nicht der Typ, sie mit einem Schlag zu durchhauen. Schlimmer noch, seine Biographie bezeugt es, er hat sie im Gegenteil immer nur fester gezurrt. Ruhmsucht und Seelenruhe, Weltflucht und Staatsamt, Politik und Bukolik, ein einziges unentwirrbares Knäuel. Als er schließlich aussteigen wollte, hochbetagt, war es längst zu spät. Lächelnd gab Nero ihm einen Kuß, legte ihm sanft die Schlinge um den Hals und zog zu.

11 Um einen Eindruck zu bekommen von der Kürze des Lebens, genügt es, sich den Abstand vorzustellen zwischen einer Ursache und ihrer tödlichen Wirkung. Das Problem ist nur: was tun, wenn es einfach zu viele Ursachen gibt, und alle laufen sie auf dieselbe Wirkung hinaus? Was, wenn der Mensch, Inkarnation einer Vielzahl von Interessen, eines Tages den Überblick verliert über deren Streitigkeiten im Innern? Personalunion geht nur so lange gut, wie die verschiedenen Rollenspieler die Kontrolle behalten. Sobald auch nur einer schwach wird, zerbricht das Ensemble. Der Panzer reißt auf, der Körper zeigt seine Blöße. Und Blöße hieß: jetzt war man nur mehr der Eine. Für den jede falsche Bewegung schnell tödlich war. Roms zweitreichster Mann, plötzlich stand er da wie ein gewöhnlicher Verschwörer. Die beeindruckendste Persönlichkeit weit und breit – einmal nackt, blieb von ihr nur noch der Schmierenkomödiant. Der genau wußte: als Schauspieler war Nero ihm weit überlegen. Angenommen, Seneca hatte wirklich keinen Schimmer von Pisos Komplott. Das Todesurteil hatte er dennoch verdient – als Mitwisser Neros. Er war, was die eifersüchtige Presse heute einen Geheimnisträger nennt; er war voll im Bilde. Wie kein zweiter kannte er das Neronische Sprengstoffgemisch aus Hybris und Paranoia. Niemand war derart tief eingeweiht in die Zerstörungsphantasien des Kaisers. Der perfekte Informant, denkt der Leser. Und was wird ihm geboten? Nicht die leiseste Indiskretion, kein einziges schmutziges Detail. Statt dessen Allegorien *en masse*, Anspielungen, die schon damals reichlich antik wirkten. Ach ja, und diese apokalyptischen Alarmsignale in den Tragödien. Letztere zählen nicht, weil er sie, wie man hört, als Lehrmittel eigens für Nero fabrizierte.

Immerhin haben sie ihren Unterrichtszweck erfüllt. Im Gegensatz zu den Beschwörungsformeln seiner Abhandlungen *Über die Milde* und *Über die Muße*, die allesamt spurlos vorüberrauschten am Ohr des Zöglings. Der mochte tun, was er wollte, Senecas Milde und müßige Zurückhaltung war ihm lange Zeit sicher. Selbst nach den ersten paar Morden schien Beifall die geeignetste pädagogische Maßnahme.

Wenn irgend etwas, dann war dies sein Beitrag zur Verschwörung gewesen. Senecas stoischer Opportunismus. Sein Anpassungstrieb, gesteuert von seiner ruhelosen Intelligenz. Aus der Rückschau war das Erzübel vor allem eines – die jahrelange Konspiration gegen sich selbst. Dieser gewaltige Ehrgeiz, selber Ursache zu sein, anstatt immer nur Spielball verschiedener undurchschaubarer Wirkungen. Er kannte die Strafe, die einen dafür erwartete, er hatte sie selbst Wort für Wort formuliert. Am Ende war er immerhin Manns genug, sie gelassen hinzunehmen.

Wie war das noch? Jedes Glück ruiniert sich irgendwann selbst, auch ohne Erschütterungen von außen. Wenn dies zutrifft, dann war Seneca den meisten nach ihm an Konsequenz weit voraus. Aus der Fülle von Ursachen, die ein Leben verkürzen, griff er die eine, todsichere heraus. Vom Standpunkt des Dramas betrachtet, war sie die ergiebigste. *Amor fati*, liebe dein Schicksal, hätte als Motto zu ihm gepaßt. Wenn er davon sowenig Aufhebens machte, dann aus Höflichkeit. Bei aller Propaganda für ein erfülltes Dasein auf Erden, als Stoiker ahnte er, das Beste kommt erst zum Schluß. Was er Paulinus damals verschwiegen hatte: im Moment des Todes feiert Ewigkeit mit jedem von uns Geburtstag. Wozu feilschen, wenn das alles nur Episode war? Ein paar Jahre mehr oder weniger machen da – Ursache hin, Wirkung her –, keinen gravierenden Unterschied. Mit einem Seufzer schrumpft jeder Abstand binnen Sekunden zusammen.

Die Autoren

Durs Grünbein, geboren 1962 in Dresden, lebt seit 1985 in Berlin; neben zahlreichen Auszeichnungen erhielt er 1995 den Georg-Büchner-Preis. Er übersetzte Senecas Drama *Thyestes* (Insel, 2002). Zuletzt erschienen von ihm im Suhrkamp Verlag *Erklärte Nacht. Gedichte* (2002), *Warum schriftlos leben. Aufsätze* (2003) und *Vom Schnee oder Descartes in Deutschland* (2003).

Lucius Annaeus Seneca, geboren um 4 v. Chr. in Córdoba (Spanien), gestorben 65 n. Chr. in Rom, philosophischer Schriftsteller und Dichter, Erzieher Neros.